第3次改訂版

JN098424

地方選挙実践マニュアル

選挙プランナー
三浦博史

第一法規

まえがき～第三次改訂にあたり～

初版から約七年。ネット選挙の解禁、選挙権年齢の引き下げ（二〇歳から一八歳へ）、大手商業施設等の期日前投票所の提供による期日前投票の普及・定着等、選挙事情も急速に変化しています。

そうした中、二〇一九年一二月、中国の武漢で新型コロナウイルス感染症の第一例目の感染者が報告されてから三年弱、いまだ感染は収まらず、私たちのくらし・経済を脅かしていますが、ようやく選挙戦術をはじめ、少しずつ元の生活に戻りつつあります。

今回（二〇二二年）の参院選での大きな出来事は、何といっても、全世界に衝撃をもたらした、投票日二日前に起こった安倍晋三元首相の銃撃事件が挙げられますが、選挙の実戦面では、コロナ禍でまだまだ何かと制約の多い選挙戦を強いられる中、結成間もない政党が比例区で一議席を獲得するなど、小政党の善戦が目立ちました。その大きな要因となったのがネット選挙の活用です。ネット選挙の解禁から一〇年近い歳月を経た今、ネット（SNS）を中心に、選挙戦術も時々刻々と変化しています。

とはいえ、地方選挙の基本は「地上戦」であることに変わりありません。ただ、ここ数年で進化してきたネット選挙や期日前投票の普及による投票日に向けたタイムテーブルの変更など、直近の首長選・地方議員選、そして二〇二一年の衆議院議員総選挙、二〇二二年の参議院議員選挙の最新事情を踏まえ、来年春（二〇二三年）の統一地方選挙を前に、本書の全面的見直しを図り、文字通り、最新・最強の選挙戦術等を加味し、必勝を期す皆様にお届けするものです。

二〇二二年一〇月

三浦博史

地方選挙実践マニュアル／もくじ

イラスト　川谷有衣子
装丁・本文レイアウト　コミュニケーションアーツ株式会社

第1章
「地上戦」と「空中戦」

本章のポイント

選挙戦における戦術には、大別すると二つあります。ひとつは、有権者（支持者）や支援団体等をくまなく回り、候補者自ら顔と名前を売り込み、思いを伝え、自身への理解と支援を訴える「旧ドブ板選挙」＝「地上戦」。もうひとつはポスター、ビラ、ネット、新聞広告、選挙公報などの媒体を駆使したり、街頭や駅頭演説等不特定多数の有権者にアピールしたりする「空中戦」です。

一般的に、「地上戦」は政令市を除く首長選挙や市区町村議会議員選挙や多くの都道府県議会議員選挙で、「空中戦」は国政選挙や知事選挙、政令市の市長選挙等で必須とされています。しかし、今や、どんな小さな選挙戦でも無党派層・浮動票・無関心層をいかにして取り込むかが勝利に不可欠な重要な要素となってきています。「（自身の選挙に）空中戦は必要ない」とお考えの方にも、ここで少し考え直していただくために、改めて最新の「地上戦」と「空中戦」事情について紹介させていただきます。その中で「これは効果がありそうだ」と思われるものがあったら、ぜひ実践してみてください。必ず一票に結びつくものと確信します。

◉「地上戦」は万国共通の選挙の基本中の基本

まず、はじめに「地上戦」についておさらいしてみます。

一昔前までの地方選挙での戦術といえば、どの候補者も、一軒一軒ただひたすらに歩き、有権者一人ひとりに対面で丁寧にお願いして歩く「ドブ板選挙」＝「地上戦」オンリーだったといえます。

今の若者や特に都市部の人たちの中にはピンとこない人もいるかもしれませんが、「ドブ板選挙」の名前の由来は、（最近は地方でもあまり見かけなくなりましたが）候補者が家々を回る際に、道路の側溝（ドブ）の上にある板（ドブ板）の上を渡り歩いたことから、軒並み、しらみつぶし型の選挙を「ドブ板選挙」と呼ぶようになったのです。

この「DOOR　TO　DOOR」「FACE　TO　FACE」の「個々面接」は万国共通の〝選挙運動の常識〟ですが、わが国の公職選挙法では、いまだに「戸別訪問」が禁止されているのです。その理由は人海戦術が展開できる特定組織を持つ政党や候補者が有利になるとか、制定当時（地域や季節によっては）タオルや石けん、線香等を配り歩いた候補者や選挙運動員がいたため、そうした「買収」や「利益誘導」等の不正行為を防ぐためなどといわれています。

この「戸別訪問」の禁止は一九二五年の普通選挙法までさかのぼります（途中、第二次世界大戦終了直後に一時規制が緩和されたこともありますが、一九五二年の改正により全面禁止が復活し、現在に至っています）が、正直なところ、これを厳密に守っている政治家や候補者はまずいないのが実情で、ましてや今どき物を配り歩くような人も皆無に近いのではないでしょうか。

選挙の基本は何といっても有権者との〝対面〟です。これが選挙で一番大切ということは古今東西変わらないでしょう。軍隊でも、敵を制するためには制空権と制海権を掌握することが重要とはいっても、「地上戦」をおろそかにする軍隊は勝てません。同様に、選挙規模の大小にかかわらず、「地上戦」こそが勝敗の鍵を握るのです。

大きな選挙戦では「空中戦」は不可欠

選挙はいつのときでも、どんな地域でも、候補者が一軒一軒、有権者一人ひとりに丁寧にお願いして回る「地上戦」が基本であることに変わりはありません。しかし、規模の大きな選挙、つまり候補者が一人ひとりの有権者に会いきれないほどの大量得票を必要とする国政選挙や知事選挙、政令市の市長選挙などでは、直接会えない有権者が大半を占めるため、地上戦だけでは勝利をつかむことは難しいといえます。

そこで、繰り返しになりますが、そうした有権者に自身への投票を促す戦術として、ポスター、ビラ、ネット（SNS）、新聞広告、選挙公報、街宣活動等を駆使した、不特定多数の有権者に向けた「空中戦」が必要となってくるのです。それにより、「知名度」と「認識度（好感度）」をアップさせて当選へと導いていくわけです。

「空中戦」が選挙戦の主流となる一例として東京都知事選挙を挙げてみましょう。有権者数約一一四七万人（二〇二一年六月現在）で、候補者数にもよりますが、最低でも二〇〇万票以上の票を獲得しなければ当選はおぼつきません。ですから、戦場に例えれば、地上戦以上に制空権、制海権を掌握しなければ、いくら戦車を大量に投入したとしても、相手のミサイル数発でこっぱみじんに打ち砕かれてしまうと勝てる見込みはなくなるのです。どれだけ多くのミニ集会の数をこなし、数多くの有権者と接してきたとしても、勝つためには新宿や新橋等、人が多く集まる場所での街宣活動（屋外での露出）が不可欠です。加えてマスコミへの露出、その演出・評価次第によっても大きく左右されるわけです。

このように、比較的、規模の大きな選挙戦では、「空中戦」が中心、小さな選挙戦では「地上戦」が中心といったように、少なくとも近年までは両者のすみ分けがされていました。

小さな選挙戦ほど選挙運動は大変

一般的に、規模が大きくなればなるほど選挙戦は厳しく、難しいと考えがちです。しかし、私のこれまでの経験からいえば、実は逆なのです。

これはどういう意味かといえば、たとえば国政選挙で、候補者がどんなに街宣活動を地道に頑張ったとしても、その候補者が所属している政党に対して厳しい〝風（逆風）〟が吹けば当選は厳しいものになります。その逆もありで、「知名度」も「認識度」もなく、選挙活動をほとんど行っていない新人候補が、その所属政党への〝突風的追い風〟が吹いたがために当選したというケースもたくさんあるのです。二〇〇五年総選挙の「小泉劇場」のときの自民党「小泉チルドレン」や、二〇〇九年総選挙の「一度は民主党にやらせてみよう」の〝風（追い風）〟を受けて当選した「小沢ガールズ」、最近では二〇一七年東京都議選での小池都知事率いる「都民ファーストの会」の例が挙げられるでしょう。

しかし、多くの場合、地方議会議員選挙となると状況は変わってきます。もちろん、地域限定で所属政党の〝風〟が吹くこともありますが、一般論として〝風（追い風）〟が吹いている政党・会派に入ったからといって簡単に当選できるとは限らないのです。かつての日本新党はもとより、先般の都民ファーストの会（東京都）も、〝台風〟が過ぎ去ればその看板だけで再選・当選は難しくなるのです。

ですから、自身の顔と名前を売り、日頃から地道な努力と汗を流していなければ報われない厳しさが地方選挙にはあるのです。

従前の「三バン」のない当選者が急増している

まだまだ国政選挙等では、相変わらず世襲や官僚出身の議員が多くを占めていますが、地方選挙では、一昔前の選挙戦で「三種の神器」といわれた「地盤・看板・鞄」が、都市部を中心にほとんど通用しなくなるなど、近年、選挙事情も大きく変わってきています。

これまで地方選挙では、この「三バン」のうち、少なくとも「地盤」「看板」がモノをいってきました。特に、地方や郡部においては、同級生（同窓生）や仕事関係者、親戚、隣近所等の応援なくして当選は難しかったため、そうした長年のつながり（絆）が重要視されていたのです。

しかし、昨今の地方選挙の結果を見ると、これまでとは明らかに様相が大きく異なってきたことがうかがえます（ただし、東日本大震災の際の、特に東日本の一部地域では選挙戦が様々な制約を受けたり、全体的に選挙戦を自粛するムードが広がったりして、現職が有利となったことは例外）。それは、全国各地で、この「三バン」を持たずに上位当選する人が多く出てきたという事実です。

地方選挙でも「落下傘」が通用する時代に

国政選挙や知事選挙等では、これまでにも「落下傘候補」と呼ばれる候補者はたくさんいました。特に、中央省庁のエリート官僚や、民間で活躍している人が、選挙直前になって地元（選挙区）に帰り、出馬表明し、当選というケースも珍しいことではなく、ときには、地元出身者ではなくても、「空中戦」でインパクトあるイメージ選挙を展開し、マスコミ等による追い風が吹くことによって勝てることもあります。しかし、それは、あくまでも大きな選挙に限られていたのです。

これまで、地方議員選挙での「落下傘」は〝無謀〟とさえいわれてきました。それは地縁や血縁のない、いわば選挙区に縁もゆかりもない人は後援会組織すら簡単にはつくれず、ポスターを貼る人員を確保することも難しかったからです。しかし、それが今、徐々に変わりつつあるのです。市区町村議会議員選挙でも、出馬表明直前まで都市部で働き、UターンやIターンで転職活動のごとく立候補し、当選する人が増えてきているのです。そして、選挙戦も、従前のものとは大きく異なってきたのです。

〝新人君〟たちの選挙戦はどこが違うのか？

最近の地方選挙における、特に新人候補の選挙戦で、どこが変わってきたのかを検証してみましょう。

【後援会組織】

地元有力者や有名人、出身校の大先輩等を後援会長など、後援会の主要な役職に登用する従来型とは異なり、有名・無名関係なく、あくまでも候補者を一生懸命支え、選挙戦の中心となって時間を共有（これが一番重要）し、汗を流す、いわば、候補者のパートナー的な人物を後援会の中心に据える、〝名より実〟のケースが増えてきています。

【選挙事務所】

従来型の選挙事務所は、政治家の檄ビラ（祈必勝）や、支援団体等からの推薦状が壁や天井一杯に貼られ、神棚、電話がけや証紙貼り等の作業スペース、応援スペースなどを設けた旧態依然としたスタイルが圧倒的に多かったのです。

しかし、たとえば、無所属の候補者であれば、政治家の檄ビラはもちろん、支援団体等からの推薦状もありません。それに代わるものとして、候補者のこれまでの活動の一端を紹介する写真や、事務所を訪れた人々からの寄せ書き（激励メッセージ）を壁一面に貼る等、従来の選挙事務所のイメージとは一線を画した、いわばもっと一般的なオフィスのコンセプトでつくられるケースが増えてきているのです（詳しくは第14章をご参照ください）。

ここで、改めて皆さんにお考えいただきたいことは、熱心な支援者以外の一般の主婦や会社員、学生等がこの二つのタイプの事務所を訪れたとき、一体どちらのタイプに好感と親近感を覚えるかということです。

口コミは感動から

従来型の候補者の多くは、朝から晩まで、（飛び込みを含めて）各地域を回り、後援会や支援団体等の集会を数多くこなします。それに対し、新人君は後援会の名簿もなく、回るあてもないため、人の集まっているところを中心に露出を図るわけです。

時々、地方議員の方から「私の選挙区には都会と異なり、人の集まる場所はほとんどない」といわれます。しかし、どんな地方・郡部であってもスーパーの駐車場出入口付近やコンビニ前など、〝田舎には田舎なり〟の、それなりに人の集まる時間と場所は必ずあるのです。そうしたところに立ち、手を振り、汗を流し、ひたすら単純なメッセージを繰り返し訴えることが肝心です。少しでも多く露出を図ることで、自らの顔と名前を売り、好感度を植え付けることが必ず一票につながるのです。

そうすることで、仮に妻が夫から何度も同級生のA候補への投票をお願いされても、妻はA候補ではなく、いつもコンビニ前で頑張っているB候補に一票を入れるかもしれないのです。理由は「B君は感じがいいから」とか「いつも朝早くから頑張っているから」といった、およそ政策とは関係のない単純なものが多いのです。同時に、奥様方のネットワークを通じてB候補の評判が口コミで広がり、大きな力となることだってあるのです。そうした戦術で、新人の若い候補者が大ベテランの現職を追い抜き、上位当選しているケースも続出しているのです。

●当選者のキーワードは「ラッキー&キュート」

「ラッキー&キュート」。これは私が最も尊敬するアメリカの選挙コンサルタントであり、勝率トップを誇る友人のトム・ヒュージャー氏が私に授けてくれた、選挙に当選できそうな人を識別する〝秘伝〟のキーワードです。文字通り、「ラッキー」は「運」、そして「キュート」は「愛きょう」とでも訳せばいいでしょう。偶然ですが、この「ラッキー&キュート」は故松下幸之助翁が松下政経塾での最終選考（四期生までは松下氏自らが最終面接した）のときに、必ず質問したといわれる「君は運がいいかね?」、そして「君は愛きょうがあるかね?」と全く同じだったのです。「ありません」と答えた人は落ち、二つともそれなりの理由を提示して「あります」と答えた人は合格になったといわれています。因みに愛きょうが大切という理由のひとつは、落選中や人生のどん底（選挙は山あり谷ありの世界）にいるときでも、愛きょうのある人ほど他人に手を差し伸べてもらいやすいから、ということのようです。

「選挙は情がすべて」といわれるように、いかにして自らの「情」を醸し出し、有権者の「情」に訴えるかということが重要なのです。確かにキムタクのような人が対抗馬なら厳しいかもしれませんが、イケメンも美人も、あこがれる存在ではあっても、必ずしも親近感を覚えるような存在というわけではなく、飽きられやすいともいえるのです。「情のあふれる笑顔」が一票を引き寄せるのです。中高年の真剣な顔＝しかめっ面は「怖い」と思われるだけで、一票にもならないと思った方がいいでしょう。だからポスターは〝情にあふれた笑顔〟が一番いいのです。この辺のサジ加減で当落が左右されることもあるので注意が必要です。

◉地方選に「空中戦」はどこまで有効か？

これは一概にはいえません。村議選か市議選か、または選挙区が都市部か郡部かといった、様々な要素、温度差で異なるため、以下はあくまでも参考としてお考えください。

まず、「ネット」は、都道府県議会議員や市議会議員の場合、オフィシャルサイトは今や必須アイテムです（町村議会議員選挙での効果検証は難しい）。ブログ、ツイッター、フェイスブック、ユーチューブ（YouTube）、TikTok（動画に特化したSNSツール）、ネガティブ・キャンペーン対応等については改めて詳しく述べますが、ツイッターについて一言アドバイスするとすれば、ツイッターは一般に〝つぶやき〟と訳されています。しかし、ツイッターを利用している日本の政治家の〝つぶやき〟を見ると、その大半は「独り言」や「日記」に近いもので、「今日のお昼はカレー、とてもおいしかった」とか、「今日の駅頭は雨にもかかわらず二〇人くらいの人が耳を傾けてくれた」等々、これは余程の支援者か、フリーク以外の人にとっては、もっと見たいという興味が起こらない、完全に自己満足型メッセージといえるでしょう。

ではどうすればいいのでしょうか。**アメリカの政治家のツイッターの活用例を挙げれば、「来週水曜日に、○**

凹凸党

○法案に反対の質問をしなければならない。でもなかなか地元の理解は得られない。何かうまい質問の仕方はないものか？」と〝つぶやく〟のです。そうすると、フォロワーの人たちから様々なアイデアを授かることができることもあるものです。フォローするからフォロワーなのです。それをどのようにフィードバックするかはあなた次第です。

ご承知のように、今や、組織の大小にかかわらず、組織票は例外を除きアテにならなくなりつつあります。直近の大手マスコミによる政党支持率を見ても、「支持政党なし」「無党派層」といわれる人たちが六割を超えているケースが多いようです。もちろん、これは全国平均であり、地方や郡部に行けばいまだに組織の力が強いことは確かですが、確実にその結束力は弱まっています。

一〇〇人規模の組織のトップがA候補支持を決めた場合、〝鶴の一声〟でその関係者の家族を含めて三〇〇票程度は確実に見込めた時代もかつてはありました。しかし、時代は変わり、上が何をいっても、下はその意向通りには動かなくなってきているのです。候補者が頼んでも配偶者すら別の人に投票するケースも増えているのですから、もはや一人一票以上の票が読みにくくなったといえます。

私は、組織をよくピラミッドに例えます。熱伝導＝炎はピラミッドの頂点から下へはなかなか燃え広がらず、やがて消えてしまうことが多いものです。しかし、底辺から燃やせば徐々に上部へと燃え広がっていきます。後援会組織も同様で、後援会長や選挙対策本部長がいくら声を張り上げても、組織全体が意のままに動くことはもはや期待できません。組織を構成する一人ひとりが「応援しよう！」「もう一票増やそう！」と思ってこそ、組織が熱くなり、燃え上がりフル回転するのです。

選挙は「熱伝導」がすべて

そうした組織を機能させるためには「熱伝導」が必要です。

候補者が「(当選したら)これだけは必ずやりたい!」という熱い思いを抱き、支援者がそれに共鳴し、候補者に対する感動や「○○候補のこんなところが好き! こんなところがスゴイ!」「だから当選させたい!」という熱い思いを支援者が口コミで広げていく。その「熱伝導」が支援者内の結束と勢いを生み、支援の輪を広げ、その勢いが「無党派層」「浮動票層」「無関心層」といわれる投票先の決まっていない層にも伝わり、無関心を関心に替え、浮動票を自分票にしていくのです。

当選する人、それは、その人固有の「熱」を持ち、その「熱」を支援者と共有し、そして、勝利という共通の目標に向かってチームワーク重視の姿勢で選挙戦に臨むことができる人です。そういう人は強いのです。

皆さんもぜひ、この機会にこれまでの地方選挙の常識を再起動、仕分けしていただき、改めて自らの戦術に役立てていただきたいと思います。

「地上戦」と「空中戦」その主な注意点

地方選でよくある〝勘違い失敗例〟のひとつとして、「空中戦」に力を注ぎ過ぎることが挙げられます。これは国政選挙や規模の大きな首長選挙を見たり、マスコミ報道の影響で、自らの選挙戦においても当初の戦略構築の段階から、「無党派層」「浮動票」をいかにして取り込むか、ということを重視し過ぎることから生じるものです。

確かに、短い期間の中で有権者に自分の名前を覚えてもらい、投票表紙に書いてもらうためには「地上戦」だけでは足りません。そこでそれを補うために「空中戦」が必要となるのです。しかし、選挙戦略上、「空中戦」が必須となるのは、当選ラインが何万、何十万票という比較的大きな規模の選挙で、実際のところ、通常の地方選レベルでは「空中戦」の出番はあまりありません。

「地上戦」が重要なことは間違いありませんが、たとえばご高齢の候補者のポスターやビラに、（実際にアクセスするかどうかは別として）ホームページのＱＲコードや検索窓等が記載されている場合と、記載されていない場合を比べた場合、記載されていれば、〝この候補者は、歳はとっていてもネットやＳＮＳも使えるんだ〟というプラスのメッセージにもなり得ます。

反対に、街頭等でどんなに頑張っていても、選挙事務所に帰るとスタッフやボランティアを大きな声で怒ったり、上から目線の態度でいるところをスマートフォンで動画を撮られ、ユーチューブ（YouTube）にでも動画をアップされたら選挙結果に大きな影響を与えかねません。たとえ一部を切り取った動画であっても、怪文書とは異なり、事実であるがゆえに大きく票を減らすことにもなりかねないのです。

地方選挙は、一にも二にも自らの足で歩き、一人でも多くの有権者に会い、握手し、心に触れ合い、「口コミ」で有権者にジワジワ拡散する〝熱伝導〟が最も効果的です。

「空中戦」で大切なことは、訴える政策以上に、身だしなみや身振り手振りといった、ご自身の「外見・好感力」に常に注意を払うことです。有権者は瞬時に、「感じが良い」とか「感じが悪い」とか、見た目で判断しがちです。そこでいったん「感じが悪い」と判断されてしまうと挽回は難しくなるでしょう。どこで動画を撮られているかわからない時代です。「壁に耳あり、障子に目あり」を心掛け、常に素敵な候補者を演じ切る努力も大切です。

第2章

選挙戦の第一歩は家族の絆から

本章のポイント

選挙は見ず知らずの不特定多数の人々に対し、自らの名前を連呼し、主張を述べ、握手し、投票してもらう行為を伴いますが、こんなことが最初から得意な人など一部を除き、いるわけがありません。試行錯誤を重ね、何度も失敗を重ねるうちに、度胸がつき、聴衆を見渡す余裕も生まれてくるものです。

そうした選挙戦を戦う以前の、立候補を決断する際の最大のハードルともいわれる家族、特に配偶者の説得、そして、今どきの後援会の立ち上げについて述べてみます。

はじめに「家族」との関係についてですが、本章では平均的な家庭を持っているごく普通の会社員のケースで説明しましょう。

◉選挙戦の第一歩は身内の説得から

立候補を決断する前に、およそ二つの大きなハードルが立ちふさがります。

一つ目のハードル、それは現在の「仕事の辞め方」です。つまり会社（あるいは自営業の方でもその仕事）をスンナリと辞めることができるかどうかということです。会社を辞める場合は「円満退社」「立つ鳥跡を濁さず」が原則ですが、実際にはなかなかうまくいかないものです。会社の同僚はもとより、上司や社長等から、「そんなリスクの高い転身はやめた方がいい」とか、「君は政治家には向いていない」などと強く反対されるケースもよくあります。このような反対を受けて、少しでも意思が揺れ動くようなら政治家への道はあきらめるべきです。逆に全く反対されない人は、喜ぶより、これまでの仕事上での自分の評価がどのようなものだったのか、冷静に考えた方がいいかもしれません。少し寂しい気持ちになるかもしれないですね。

政治家になることはひとつの「手段」であり、良い地域、良い国をつくることが「目的」にほかなりません。自らの決断を貫き通す、強い信念を持ってこそ、周囲の人たちを説得できるのです。同僚や上司と相談し、少しでも迷いが生じるのなら、その後の様々なハードルを乗り越えていくことは不可能と思った方がいいでしょう。ケースバイケースですができる限り、退社のあいさつ時に選挙の応援のお願い等ができるように努めましょう。

会社を辞めるメドをつけるのと並行して、重要なことは「家族」の説得です。説得する順番は年齢や家族構成等によっても変わってきますが、平均的に①配偶者、②子ども、③両親、④兄弟姉妹、⑤親族です。

そこで、二つ目のハードルとなるのが「配偶者の説得」です。「立候補したい」と、初めて私のところに相談に来られる方々に「もちろん、奥さん（旦那さん）の了解、応援の約束は取り付けていますね？」と聞くと、一〇人に一人くらいの割合で、「いえ、実はこれからです」といい、その内の何人かに一人くらいは、後日、「妻（夫）と相談しましたが、政治家に立候補するなら離婚すると言われたので、残念ですが断念します」と、配偶者の反対で出馬断念に至ったことを伝えてくるケースもあるのです。それほど、配偶者の「反対」により立候補を断念せざるを得ないケースも多いのです。

今どき「あなたが決断したなら、私は従います」というケースはめったにありません。配偶者の親族や周囲に政治家がいるとか、過去に選挙を手伝ったことがあるといった方でなければなかなか理解を得ることは難しいようです。当選すれば〝転職成功〟となりますが、落選した場合の「これからどうやって生活していくのか」という金銭的な不安も配偶者が反対する大きな理由のひとつです。

しかし、あなたの強い信念で配偶者を説得し、「わかりました。私なりに精一杯応援します」となれば、こんな心強いことはありません。ここで晴れて候補者としての第一歩を踏み出せることになるのです。

選挙は「啓もう活動」ともいえます。配偶者すら説得できない候補者が、他人、有権者を説得し、一票を投じてもらえるわけがありません。何事もスタートが肝心です。嫌々ながら「あなたの気持ちはわかったけど、私は一切手伝えません。一人で頑張って」と言われ、そのまま見切り発車すれば、後々の政治・選挙活動に悪影響を与えることでしょう。それほど配偶者の了解・支援の可否は大きなウエートを占めるのです。

戦う前に足場を固める、これが「はじめの第一歩」です。

●政治家（候補者）の配偶者の主な役割とハードル

それでは配偶者を説得する際のケーススタディを挙げてみます。

【落選したら、私たちの生活はどうなるの？】

これは、これまでの夫婦の絆、信頼関係の強弱で反応が大きく異なると思います。「私を信じてほしい。絶対に不幸にするようなことはしない」といったメッセージで納得させることができるか否かが勝負です。二〇代のように、やり直しが効く年齢ならまだしも、四〇代以上になると、仕事ひとつをとってもその後の再就職は相当厳しいものになるからです。

はっきりいえることは、政治家に転向することについて、あなた自身が（将来に）不安があるようなら説得は無理です。自分さえ納得していないのに、他人を納得させることは不可能。運よく当選できたとしても、落選の危機は四年ごとに訪れます。

一方、配偶者の説得に失敗し、出馬断念したからといって夫婦間に信頼関係がないというわけでもありません。経済的な理由や将来への不安等から反対する以上に、長い間、一番近くで見てきた人生のパートナーとして、「政治家には向いていない」と逆説得されることもあります。

ただし、一昔前とは異なり、政治家という職業が民間企業と比べて、必ずしも不安定という時代でもなくなってきました。一流企業でも終身雇用制度は崩れ、あるいは突然のM&A等でいつリストラされてもおかしくない時代になったのですから。

【私は何をすればいいの？】

配偶者からすれば、これも大きな不安材料のひとつです。ここでは配偶者の主な出番・役割を挙げてみます。これは、選挙の種類や地域の風土等によっても大きく異なりますので、ひとつの目安として参考にしてください。

①　立候補表明～告示前　※政治（後援会）活動期間

・事務所内での接遇
・事務所管理（特に財務・経理面の資金繰り等）
・各種集会、会合等への代理出席、あいさつ回り
・決起大会等への出席

② 告示期間中 ※選挙期間中
・事務所内での接遇、電話がけ
・出陣式、第一声、集会等への参加（一言あいさつ）
・街頭等でのあいさつ

③ 投開票日以降 ※選挙終了後
・あいさつ回り、お礼の電話がけ
・収支報告の手伝い
・秘書的業務全般
・（当選後は）陳情等の取り次ぎ等

おおよそ以上ですが、もっとポジティブな、候補者をしのぐような活動をされているケースも見られます。「Aさん（候補者・政治家）より、奥さん（旦那さん）の方が政治家に向いているんじゃない？」などといわれるケースも決して珍しいことではありません。ただし、あまり表に出過ぎると、ひんしゅくを買う場合も多いので、何事も節度が肝心です。

これとは反対に、全く表に出ないことを条件に、立候補を承諾するケースも見られます。その場合でも、私は、

最低限、（選挙）事務所開きや決起大会、告示日、投開票日くらいは顔を出してくれるようお願いしています。

国政選挙や都道府県知事選挙クラスだと、配偶者の仕事の都合や子どもの学校等から、配偶者と子どもを今の居住地に残したまま、〝単身赴任〟で選挙戦を戦う候補者もいますが、そんな場合でも、前述の最低限の行事には参加してもらうよう勧めています。

たとえ後援会幹部が〝配偶者抜き選挙〟に同意していても、一般の有権者から「全く顔を出さないけど、夫婦仲が悪いんじゃない？」といった〝あらぬうわさ〟を流されかねません。こうしたネガティブな情報は間違いなくマイナスに働きます。私が知る限り、女性候補者・政治家で、夫が選挙の前面に出ているケースはあまり知りません。〝内助の功〟に徹する方が多いように思います。

●配偶者等が活動する上での注意事項

ここでは配偶者と共に、両親や子ども等の家族、また、関係者やボランティアの人たちへの注意事項をまとめてみました。

【候補者同様に大切な「外見・好感力」】

特に配偶者の協力度が低い場合、この点は要注意です。たとえば、配偶者がスーパーや商店街に買い物に行った際、「あいさつしたのに無視された」とか、「後援者の店で買わずに、対抗馬を支持する店で買い物をした」等のマイナスの評判が出ると、〝一票減る〟と思った方がいいでしょう。「超高級ブランド牛を買っていた」も同様です。反対に、「とても感じが良かった」といったプラスの評判が出るようだと一票につながります。

したがって、「外見・好感力」に注意を払うのは、候補者本人だけでなく、候補者に関わるすべての人が対象となります。特に同じカラーのユニフォーム等を着用している運動員は、候補者同様、常に有権者にチェックされていることを意識してください。

【心を込めたあいさつを】

配偶者は候補者の代理として様々な会合に出席し、あいさつする機会も多くなります。そうした場合は候補者の代理として政策を訴えるのではなく、あくまでも候補者本人が顔を出せないことに対するお詫びを兼ねてのごあいさつということを肝に銘じてください。

長くは語らず、あまり知られていない候補者の家庭内での人柄（プラス面）や、支援への感謝の気持ちを、心を込めて表現することが重要です。ある知事選では、夫人が「夫に連れ添って三〇年。夫が人の悪口を言っているところを見たことがない」と何気なく語ったところ、それが有権者の印象に残り、候補者の人柄を語るプラスのエピソードとして拡散したという例もあります。

【選挙違反のターゲットとなる危険性も】

選挙となると配偶者も一票を稼ぐために必死です。しかし、特に地方選の場合、基本的に配偶者による個別の訪問等には同行者がつきません。そのため、他陣営から選挙違反のターゲットとしてマークされたり通報されるケースもあります。

その結果、戸別訪問の現行犯で摘発されることもありますので、十分な注意が必要です。

●後援会組織のつくり方

それでは、政治家への道を志した人が、うまく会社を円満退社し、家族を説得できたら、次に何をしなければならないのでしょうか。

候補者によっても異なりますが、事務所を開設したり、キャンペーングッズをつくったり、やらなければならないことは山ほどあります。でも、すべての活動に先駆けてしなければならないことは、「政治団体（後援会）の届出」です。立候補を決めたら、一日でも早く活動したいでしょうが、政治団体（後援会）の届出を行ってからでなければ、政治活動を行うことはできないからです。

【後援会（政治団体）の立ち上げ】

後援会立ち上げには、様々な入口論、組織論がありますが、ここでは典型的な例を紹介します。

① コア（核）となるメンバーを集める

選挙はチームプレイが基本です。コアメンバーのチームワークがその後の活動の成否を分けるといっても過言ではありません。

まずは、親族などの関係者や小・中・高の同級生や同窓生、仕事関係、趣味を通じた仲間など、候補者の人となりをよく知り、候補者の「熱」を共有し、それを拡大することができる人たちを中心にメンバーを集めるのがベストです。

仮に立候補を決断した後でも、こうした中核となるメンバーが、いつまで経っても（一人も）集まらないのであれば立候補は断念すべきでしょう。

② 後援会長を決める

後援会長にはどのような人がふさわしいか。これまでは、地元の名士や有力者等、票もお金も集められる人がベストな人選でした。しかし、最近はその様相も大きく変わってきています。

国政選挙や知事選挙、比較的大きな首長選挙では、いまだにこのスタイルも有効のようですが、一般的に、もはやこうした有力者の〝神通力〟は効かなくなってきたのです。組織のトップがいくら号令をかけても、その通りに動く時代は終わったからです。

名前だけの〝お飾り後援会長〟より、候補者の熱い気持ちを共有し、スタッフやボランティアの皆さんと一緒に汗を流し、関係者からの信頼も厚い、そういう人が中心となる時代に変わってきたのです。今どきの後援会長に多く見られるのは、候補者の恩師、同窓会の先輩、地元中小企業の元気な経営者、選挙期間中ほぼ常駐できる友人などで、こうした人たちに後援会長や事務長を任せます。

③　後援会（政治団体）を立ち上げる

後援会長をはじめ、役員人事が固まったら、いよいよ後援会の立ち上げです。いたずらに人数を集める必要はありません。誰かに頼まれて、渋々動員された人が、何十人、何百人集まっても、戦う集団にはなりえません。人数より、集まった人たちの「熱」の方が重要なのです。

次に、設立総会の開催日時や式次第、配布物の内容等を決めるわけですが、ここで大切なのが当日の司会進行役です。いわゆる結婚式のプロの司会者のような進行では盛り上がりません。会場内の雰囲気を、参加者一丸となって候補者を支え、勝利に導くといった熱気を生み出していくことができるような進行役がベストです。

そして、こうした総会は後援会幹部の自己満足的な集会にしてはいけません。参加してくれた一人ひとりが納得し、満足し、何とか候補者を勝たせてやろうと思わせる場にすべきです。そのためには、候補者の「ここが好き！」「ここがスゴイ！」といったメッセージが会場内で参加者に伝わり、共有できれば大成功といえるでしょう。

④　後援会（政治団体）の届出

後援会設立後、七日以内に当該選挙管理委員会に政治団体の設立届等の書類を提出し、そこで初めて政治活動がスタートできます。

政治団体の届出に際しては、当該選挙管理委員会のウェブサイトから様式をダウンロードできるので、記載漏れや不備のないよう確認しておくことをお勧めします。

⑤　後援会（政治団体）設立届の役職は三人決めれば即ＯＫ

後援会（政治団体）の設立届自体は、いわゆる本格的な後援会が設立されていなくても、代表者、会計責任者、会計責任者の職務代行者の三人を記載すればＯＫです。いたずらに後援会長や、その他役員の人選等で手こずって届出を遅らせることがないよう注意しましょう。

⑥　事務所内の〝気〟を大切に

後援会事務所や選挙事務所を訪れた人が、「あの事務所は活気がある。あれなら勝てる！」とか、逆に「あの事務所は陰気だ。あれじゃ勝てない」などと、事務所の雰囲気を評価する声をよく耳にします。

もちろん、活気に満ちて「勝てる」と評価された陣営でも落選したり、閑古鳥が鳴くような、いかにも「負けそうな」事務所でも当選したりすることもありますが、**一般的に、〝明るく活気がある事務所〟は選挙に強く、〝暗い事務所〟は選挙に弱いものです。事務所の〝気〟を軽視してはいけません。事務所の雰囲気を明るくするも、暗くするも、皆さんの腕、努力次第でもあるのです。**

後援会組織の在り方

ここまでは後援会の立ち上げ方について述べてきましたが、ここからは後援会組織の在り方について触れてみます。

従来型の政治家の後援会といえば、婦人部や青年部が中心でした。なぜ、そうだったのか検証してみましょう。

およそ、地方選を中心に、政治活動（後援会活動）や選挙活動は、土日祝日やウイークデーの夜に行うような配慮はほとんど見られず、ウイークデーの昼間に行われることが多かったのです。特に選挙期間中ともなれば、土日祝日やウイークデーなどとはいっていられなくなります。

そんな時間帯に参加できるのは、ご年配者や主婦、自営業者等の、お金も時間も比較的自由になりそうな人たちに限られ、一般の会社員の人たちには土台、参加は無理な話だったのです。たとえ候補者が会社員出身でも、その選挙戦を手伝う人は限定されてきたわけです。

しかし、近年、その様相も変わってきました。

①　活動日時の変化

最近は、選挙対策本部会議はもとより、何らかの集会を開くにも、一般の人たちが集まりやすいように、ウイークデーなら夜七時以降とか、土日祝日をうまく活用するようになってきました。

案の定、都市部や地方・郡部を問わず、時間帯を変えることで、男女を問わず参加者の顔ぶれ、人数も変わってきたのです。

このように、集会等の開催日時を変えるだけで、活動する主役が変わるものです。

②　従来型の「婦人部」「青年部」中心から「シニア層」中心へ

これまでは、婦人部ならバレーボール大会やバス旅行、青年部なら野球大会やカラオケ大会と、そうした場を通じて人を集め、後援会のメンテナンスを行ってきました。しかし、その結果、〝特定少数〟の決まった顔ぶれによる後援会となってきたために、こうした〝古い〟手法に陰りが見え始めたのです。

そこで、最近、その中心、主役になりつつあるのが「シニア層」です。現役を退いたとはいっても、今どきの六〇代はまだまだ元気一杯で、時間やお金にも比較的余裕のある方が多いのです。会社一辺倒だった生活から、今度は趣味や自治会活動に参加する機会も増え、そこで新たな出会いと生きがいを見つける人も多いわけです。良い候補者との出会いがあれば、選挙運動にも熱が入ります。高齢化社会の今、どの街でも「シニア層」は増えているのです。

③　「ピラミッド型」から「ネットワーク型」へ

これまでの組織といえば、「ピラミッド型」の、いわゆる上意下達式でヒエラルキーの強固なものが強いとされてきました。その代表例が田中角栄元首相を支えてきた「越山会」です。

しかし、時代の移り変わりとともに、「鉄の団結」ともいわれた組織力も弱まり、トップが号令を出しても、下が意のままに動くことは少なくなってきたのです。また、公職選挙法上の問題も含め、従前のような組織一体となった選挙運動（＝組織選挙）そのものができにくくなってきたのです。

そこで、候補者を支援する様々な輪、人間関係が並列で結びついた「ネットワーク型」の後援会が増えてきたのです。同窓会、仕事関係、趣味の会、自治会といった様々な集まりが、上下の隔てなく「並列型」でつながり、その代表者による連絡会議が実質的な選挙対策本部会議となり、候補者の当選という共通の目的のために、共闘する形になるわけです。

④　後援会のメンテナンス

後援会を立ち上げるまではどの候補者も必死です。しかし、その後の対応次第で、後援会はいかようにも変化

します。強くもなれば、空洞化、名前だけの組織にもなりかねません。メンテナンスを怠った候補者は、四年後の次の選挙では厳しい判定を下されるでしょう。「釣った魚にエサはやらない」はダメで、後援会に加入した人を、お店に例えれば〝熱心なリピーター〟にするよう心掛け、新しい顧客を連れてきてもらえるようにもっていくことが大切です。

選挙の第一歩は、まず自らの「足場を固めること」です。そのためには、長年付き合ってきた、連れ添ってきた人を、たとえ当初は反対されても熱心な支援者にすることからスタートです。

また、後援会組織も一部の熱心な後援者のための後援会であってはなりません。そうした支援者が壁となり、新たな支援者の新規参入を妨げてしまうこともあるからです。後援会を主導する人たちの〝自己満足〟の場にせず、新たな参加者が入りやすい場とするために、幹部の方々は素敵なホスト、ホステス役に徹し、チーム一丸となって勝利をめざしていただきたいと思います。

そして、勝利は「チームワークの結晶」です。勝つためには「来る者拒まず、去る者追う」の気構えが大切です。

【「当選する人」の七つのチェックポイント】

- □ 配偶者の説得は「理屈より信頼」。これまでの夫婦間の信頼関係が試されるときです。これがクリアできれば「最低限の足場を固められた人」と考えていいでしょう。
- □ 会社員から政界に転向する際、「立つ鳥跡を濁さず」でうまく円満退社ができ、できれば、これまでの仕事上の人脈をサポーターに切り替えることができる人。

□ 選挙はこれまでの人生・人間関係の総決算。最低五人くらいの中核となる熱心な支援者を集められる人。もし、こうした中核となる支援者を数人さえも集められなければ政治家には不向き。

□ 選挙違反は絶対にしない、出さない。スポーツ同様、選挙にも最低限のルールがあります。立法府の一員をめざす以上、コンプライアンス意識の高い人。

□ 選挙は「熱伝導」。まずは候補者自身に「政治に対する熱い思い」がなければ話になりません。熱い思いがあって、それが伝わってこそ、有権者は動くものです。したがって、郷土愛と熱い思いを持っている人。

□ 活動の時間帯を変えることで参加者の顔ぶれも変わります。そして、これからの後援会活動はシニア層も主役です。参加者が変われば当選する人も変わるものです。政治活動と同時に、投票率向上についても意識の高い人。

□ 後援会の役員は名より実。単なるお飾りの役員ではなく、スタッフやボランティアの皆さんと一緒に汗を流し、候補者の熱い思いを共有し、人々の様々なベクトルをひとつのベクトルにまとめていける、信頼の厚い人がベストです。選挙は個人プレイではなく、チームワークがすべてということをよく理解できる人。

●落選しても、「また今の仕事に戻れる人」の注意事項

自分で会社等を経営されている場合は、「当選後は会社を配偶者等に任せ、自分は政治活動に専念し、落選した場合は、今までと同じに戻るだけ」というケースはよく見られますが、最近、大手企業でも社員が選挙に出馬し落選した場合、再び会社に戻れるというシステムを採用しているところが、若干ですが増えてきました。

一見すると、社員を大切にしてくれる会社で良い話と思うでしょうが、対有権者という視点で見ると要注意です。即ち、〝退路を断って挑戦する人〟ではなく、〝ダメな場合でも戻れる保険のある人〟というイメージとなり、〝(候補者の）覚悟の見え方〟が一八〇度異なるものとなるからです。

一部の諸外国の政治事情と異なり、日本は基本的に〝専業政治家〟が求められているため、自らの退路を断った人の方が評価されやすいのです。こうしたケースに該当する人は、この点をよく踏まえ、対応する必要があります。

第3章

「期日前投票」の促進

本章のポイント

「期日前投票制度」は、2003年12月1日から設けられた事前投票制度のひとつです（公職選挙法第48条の2）。

それ以前の「不在者投票制度」は、「見込み」ではなく「確実に選挙期日の投票が困難」であることが、この「不在者投票制度」を利用する必要条件でした。法改正で、「不在者投票制度」の利用に必要な条件が現在と同程度に緩和され、不在者投票の利用者は大幅に増えたものの、実務面での事務手続は、手間を要することに変わりはなく、また、開票するのを忘れたまま選挙結果を確定させてしまうなど、不在者投票に絡んだトラブルが続いたのです。

そこで、投票率アップをめざす総務省、選挙管理委員会、より利用しやすい投票制度を求める有権者らの要望が一致し、2003年の法改正により、これまでの「不在者投票制度」のうち「選挙人名簿に登録されている市区町村と同じ市区町村において有権者が投票する」場合について要件を緩和する形で新しくこの「期日前投票制度」が設けられたのです。

今や、その利用者は年々増加傾向にあり、各陣営にとっても重要な戦略のひとつとして重視し始めています。

◉今や選挙期間中は「毎日が投票日」

選挙期間中における投票誘導のカタチが従前とは一変した選挙戦が二〇〇六年一一月に行われた沖縄県知事選挙でした。

それまでの選挙は、告示日になると、「来たる〇月△日の投票日には、A候補に皆様のあたたかい一票をよろしくお願いします！」とお願いする、いわば当たり前の選挙運動が中心だったのです。ところが、「期日前投票」は告示日の翌日から投票日前日まで、簡単な手続で投票できるシステムですから、告示日の翌日からは「毎日が投票日」となるわけです。

「期日前投票」を選挙戦の戦略の大きな柱としておそらく選挙史上初めて位置付けたのが、この沖縄県知事選挙といえます。「期日前投票」に重点を置くことを選挙対策本部で決定した仲井真陣営では、選挙事務所を訪れた人や支援団体・会社等に対して、「ねぇ、もう仲井真さんに投票した？　まだ？　じゃあ、今から「期日前投票」に行ってよ！」と積極的に呼び掛けたのです。

この選挙で、期日前投票を行った人は一一万六〇六人。沖縄県の有権者数は一〇四万七六七八人（当時）ですから、何と全有権者の一〇人に一人、全投票者（六六万九一六二人）の六人に一人が「期日前投票」を行ったことになります。

その結果、当然マスコミ各社が実施した「期日前投票」の出口調査は、どこも仲井真弘多候補が有力対抗馬の糸数慶子候補を圧倒し、最終的な両候補の差は各社平均すると五ポイントほどあったと思われます。

投票率一〇〇%での五ポイントですから、投票率が六四・五四%となると、五×一〇〇／六四・五四≒七・七ポイント分が投票日当日の〝貯金〟になったわけです。すなわち、投票日当日の出口調査で五～六ポイント負けていても、この「期日前投票」の貯金のおかげでゆうゆう勝てたという計算です。

この期日前投票は今では広く浸透し、二〇二一年一〇月の総選挙での投票者全体に占める期日前投票者の割合は三四・九四％（小選挙区・全国平均）、二〇二二年七月の参院選でも三五・八八％（選挙区・全国平均）と、およそ全投票者の三人に一人が期日前投票を行っており、選挙結果を大きく左右するものとなっています。

因みに二〇二二年七月の参院選で、期日前投票の割合が最も高い都道府県は秋田県（五六・六四％）でしたが、実は秋田県は二〇〇五年の衆院選から二〇二二年の参院選まで、国政選挙で一二回連続全国トップとなっています。二〇二二年の参院選での秋田県内の期日前投票所は過去最多の一四三か所。そのうち、スーパーや大型ショッピングセンターなど商業施設内は一四か所と東北最多。「投票所の利便性向上」を図ることに早くから取り組んでいたことが実を結んだ結果といえるでしょう。

●マスコミによる期日前投票の出口調査の盲点

今、国政選挙、都道府県知事選挙、政令指定都市の市長選挙等、規模の大きな選挙、あるいは注目選挙では、必ずマスコミ各社が労力とコストをかけて投票日当日の出口調査同様に、期日前投票の出口調査も実施していますが、必ずしも期日前投票の出口調査の結果と実際の選挙結果が一致しているとは限りません。

大きな首長選挙や国政選挙等での出口調査を検証してみても、朝日新聞とＮＨＫが断トツで正確なことがわかります。特に朝日は、数ある投票所の中からどのような基準でサンプルとなる投票所を選定しているかはわかりませんが、世論調査同様、投票行動の縮図を正確につくる〝職人技〟には頭が下がります。ＮＨＫも人手や手間

3月
22
投票日
23
投票日
必勝
3月
25
投票
3月
26
投開票日

等をかけ、かなり正確な結果を出しています。

一般に、期日前投票の出口調査は、当該選挙のすべての投票所の中からいくつか投票所を選び、その投票所から出てきた有権者に声をかけ、インタビューに応じてくれた人がサンプルとなるわけです。しかし、そのインタビューに〝答えない層〟が盲点となるのです。また、特定の強固な組織力を持つ後援会や支援団体等は期日前投票に行くよう促すため、開けてみたら、期日前投票では勝っていたが、（組織票が出尽くしたため）投票日当日はあまり票が伸びず落選したというケースもあるのです。

期日前投票は選挙の度に増えてきていますが、一般の有権者の認識としてはまだ、投票日当日は都合が悪いから事前に投票に行こうという程度と思われます。だからこそ、陣営・候補者からの口コミによる期日前投票への呼び掛けがあれば期日前投票に行く人はそれだけ増えていくはずです。

期日前投票で勝敗が決まる

ある候補者の熱心な支援者が、投票日前に投票を済ませてしまうと、投票日にはすることがなくなってしまいます。そうなると、自分が支援する候補者を何とか当選させようと、家族や友人・知人、近所の人に声がけし、投票所に行くよう仕向けるようになるでしょう。熱心な人ほど、投票日当日黙ってはいられないはずです（ご承知のように投票日当日の選挙運動は禁止されています）。

今後は、この「期日前投票」を行うよう、上手に誘導することが、勝利への鍵になることは間違いないでしょうし、これを〝おろそか〟にする陣営は、投票日当日、思わぬ敵方の〝貯金〟に肝を冷やすことになるかもしれません。

選挙ハガキの郵送やオートコールの実施はいつ行うのが効果的か

この期日前投票の普及により様変わりした選挙戦術がいくつかありますが、その筆頭格が「選挙ハガキ」です。一般に、選挙ハガキは告示前に宛名（住所・氏名等）を記入してもらい、選挙事務所で回収し、従前は投票日の直前に有権者宅に届くよう、そのタイミングで郵便局に持ち込んでいましたが、期日前投票が広く普及したことにより、告示日の翌日から投票できるため、今まで通りのタイミングで郵送しても〝後の祭り〟ということになりかねません。そのため告示日翌日以降の早いタイミングで届くよう持ち込む陣営が増えています。

また「電話作戦」も、これまでは何台もの電話を設置し、何らかの名簿に基づきオペレーターが一軒一軒電話していましたが、そうした見ず知らずの人への電話作戦は、今や姿を消しつつあり、ここ数年、地方選でも候補者の肉声（録音）による「オートコール」が、告示日翌日や投票日前日など、タイミングを見計らった「電話作戦」としてひとつの武器となってきました。

期日前投票の疑問点

私はこれまで「期日前投票」の重要性を訴えてきました。しかし、最近、大きな疑問にぶつかったのです。それは、あまりに早い（候補者の情報が少ない）時期に投票を済ませると、その後、投票者に対する気持ちに大きな変化が生じた場合、すでに投票した一票を取り消すことができず、有権者の意に反しながらも有効票としてカウントされてしまうことです。

その一例として二〇一六年七月の東京都知事選（告示日：七月一四日・投開票日：七月三一日）を挙げてみま

しょう。告示日直前の情勢では、有力とされた三候補のうち、高齢（七六歳）ながらも抜群の知名度を誇る鳥越俊太郎氏がややリードといわれていました。「期日前投票」は告示日翌日（七月一五日）からできるため、たとえば一五日に鳥越氏に投票した人の中に、七月二一日発売の週刊誌で鳥越氏のスキャンダル報道を見て、その意志が変わった人も少なからずいたはずです。しかしそれは〝後の祭り〟です。

同様に、アメリカ大統領選挙でも「期日前投票制度」が設けられており、わが国以上に長い期間が設定されています。あまりにも早い時期にトランプ候補に投票した人のうち、少なからずの人が、その後に行われたテレビ討論等を見て、「しまった！」と後悔したと報じられています。

有権者にとって利便性の高い「期日前投票」の必要性は感じるものの、最後の最後まで候補者を見比べ、見極めることの重要性も改めて痛感した次第です。

第4章

今どきコンプライアンス最新事情

本章のポイント

「以前からやっているから、この程度のことで捕まることはない」「どこの陣営でもやっているから大丈夫」。いい加減な選挙プロが周囲にいたりすると、こんな言葉を耳にすることがあります。

これらはもう通用しないと考えてください。特に選挙運動に関わる人への金品や、飲食の提供などは絶対にアウトです。「つい、うっかり」「これくらいなら、まあいいか！」が命取りになるのです。選挙運動は、ある意味"スポーツ"と同じです。選挙運動に参加する、すべての人が最低限のルール（公職選挙法・政治資金規正法）を、事前によく理解しておく必要があるのです。

また、公職選挙法については、"常識のうそ"がまかり通っているケースも少なくありません。少しでも疑問を感じたら、所属政党のコンプライアンス室か、当該選挙管理委員会に問い合わせをすることです。

ちょっとした油断で、すべてを棒に振ることのないよう、注意してください。

◎今どきコンプライアンス最新事情

選挙に関わるコンプライアンス事情はここ一〇年ほどで大きく様変わりしました。

一昔前までは、「（選挙プロは）選挙違反を怖がっていたら選挙には勝てない」などとよくいわれたものでしたが、私は当初から「選挙プロが入ったら選挙違反は絶対に出さない」をモットーに活動してきました。今ではそれが当たり前の時代となったのです。

そもそも、選挙違反の多くは「無知」からくるものが多いのです。「市民目線の選挙戦」を標ぼうし、できる限り、これまで選挙に携わってきたような人（俗にいう選挙の手あかがついている人）は選挙対策本部に入れず、いわゆる「手づくりの選挙運動」をめざそうとする姿勢はよく理解できます。しかし、そこに〝落とし穴〟もあるのです。なぜなら、〝選挙のルール（公職選挙法・政治資金規正法）〟を知っている人が皆無の状態では、選挙違反が生じる可能性が高いからです。

選挙はスポーツと同じで様々な最低限のルールがあります。ルールは事前に学び、守るべきです。そして、そのルールは選挙の種類によっても微妙に異なるのです。したがって、素人集団が見よう見まねで選挙戦を戦うことは危険な面も常につきまとうのです。

たとえば、市議会議員選挙に手慣れた人が市長選挙を仕切る場合や、市議ひとすじに活動してきた人が市長選挙に立候補する場合にも同じことがいえます。同じ公職選挙法といえども、（市議選では）常識だったことが、市長選では全く通用しない（もちろんその逆もあります）、市議選では認められていないことが市長選では認められる、といったこともあるのです。さらに、選挙違反に関するこれまでの常識も大きく様変わりし、「今まで

大丈夫だったから」「他陣営もやっているから」などといったことは通用しなくなってきました。

私はこれまで数多くの選挙戦に携わってきましたが、その度ごとに公職選挙法等も逐一チェックしながら、新たな候補者の歴史をつくるという姿勢で臨んでいます。まず最初は慣れている人から簡単なルールの説明とケーススタディ等を聞き、疑問が生じたら専門家からアドバイスをもらったり、わかりやすいマニュアル本を参考にしながら取り組むことが必要です。そして、少しでも疑問や迷いが生じたら当該の選挙管理委員会に相談、確認することです。およそ全国どこの選挙管理委員会も丁寧に教えてくれるはずです。ただし、窓口によって指導の内容に若干の温度差があるのも事実ですが。

●選挙違反について

わが国の公職選挙法は、インターネットはもちろん、屋外のビジョン広告などのなかった時代に制定されたものです。したがって、ウェブサイトやブログ、ツイッター、動画などを「文書図画」というひとつのくくりで規制すること自体、大きな無理があります。

選挙戦の基本は、顔と名前を覚えてもらい、自らの政策（主張）を伝え、一人でも多くの人に投票してもらうことです。そのためには一軒一軒訪ね、自らを売り込む個別訪問は世界のどこでも当たり前の手段なのです。

しかし、わが国では「戸別訪問」は禁止されています。このように、日本の公職選挙法はグローバルスタンダードからすれば、甚だ時代遅れの不合理な点の多い法律といえるのですが、選挙を戦う以上は、法律を遵守しなければならないのは当然のことです。

ただし、制限速度八〇キロの高速道路で「三キロとか五キロくらいならオーバーしても大丈夫ですか？」と尋ねられたら、皆さんはどう答えますか？　特に他の車がみんな一〇〇キロ出しているのに、自分の車一台だけが八〇キロ以内で走行しているというのもいかがなものかという見方もあるでしょう。

このように、違反文書を作成して大量に頒布したり、買収や供応のような、〝うっかり〟とはいえない選挙違反は絶対にしてはならない反面、多少のスピードオーバーなどのようなことまで、どこまで遵守すべきかについては机上論ではいえないものもあるのです。

「公職選挙法は、一体何ができて、何ができないのか、よくわからない」という話をよく聞きます。少しでも疑問な点があれば、**くどいようですが政党の公認候補の場合は所属する政党のコンプライアンス室へ、無所属の場合は当該選挙区の選挙管理委員会、もしくは所轄の警察に問い合わせることをお勧めします。ただし、その場合、〝当局〟のアドバイスは、「たとえ一キロであろうと、オーバーしてはいけません」が模範回答であるということもお忘れなく。**

ブラックゾーンとグレーゾーン

前述のスピードオーバーの例のように、**選挙には「絶対にやってはいけないこと（ブラックゾーン）」と「やっていいこと（ホワイトゾーン）」の間に、「判断に迷うこと（グレーゾーン）」があります。この「グレーゾーン」については、選挙管理委員会に尋ねても「私共としてもこれ以上は何ともいえません。あとは警察がどう判断するかです」といった答えしか返ってこないことがあります。もちろん、こうした「グレーゾーン」はやらないことが一番です。しかし、対抗馬がやっていて何のおとがめもないようなケースがあるとすれば、それは各々の選挙対策本部の責任で判断するしかないでしょう。**

もちろん、それはあくまでも限りなくホワイトゾーンに近いグレーゾーンに限ります。たとえば、告示前から着ていた政治活動上のキャッチコピーの入ったＴシャツ（候補者の写真や名前、似顔絵等、候補者を類推するものを除く）を選挙期間中に着ても大丈夫かといったたぐいのものです。「買収・供応」に関わるものであったり、明らかな文書違反であったりするケースは当然論外です。

前述の例でいえば、熱心な支援者が、選挙前から毎日のように着用し、候補者を当選させたいという思いでそのＴシャツを選挙期間中に着て、選挙カーの周辺で法定ビラを配っていたとしても、一様に「すぐに脱げ！」とはならないでしょう。

個人情報保護と選挙運動

「どうして（電話帳にも掲載していない）我が家に電話してくるのか」といったクレームが最近の選挙・政治活動でも増えています。そこで、こうしたクレームにどのように対応したらいいのか、またどういう点に注意すべきかを「政治活動」と「選挙運動」に限って説明します。

そもそも二〇〇三年五月に成立した「個人情報の保護に関する法律（個人情報保護法）」は、個人の権利と利益を保護するために個人情報を取り扱っている事業者に対し、様々な義務と対応を定めた法律です。この法律の主な対象者は「事業者」なのです。基本的には個人の権利を定める法律ではなく、事業者（企業）が守らなければならない義務を定め、それに違反した場合には行政機関が処分を行うという趣旨のものです。

したがって、政治家（候補者）・政治団体が行う政治活動はこの「個人情報保護法」で一定の義務は生じるものの、「適用除外」とされています。

しかし、政治家（候補者）選挙事務所では、政治・選挙活動を行うにあたり、「電話作戦」や「選挙ハガキ」などで様々な名簿を取り扱うことが多くあります。適用除外といえども、この法律を十分承知した上で、正しい対応に努めなければなりません。この法律の第五七条第一項で政治活動については、個人情報保護規定の適用を除外するとし、同第三項では個人情報の安全管理、苦情処理等のための必要な措置を自ら講じ、その内容を公表するよう努めなければならないと規定されています。外部から問い合わせがあった場合に備えて、政治活動での使用は問題ないとしながらも、後援会規約にも「本来の目的（政治目的）以外への使用を禁ずる」等の規定や、「名簿の管理は徹底している」等の説明ができるようにしておくといいでしょう。

電話ボランティア等には、事前に次の事項の周知徹底を図ることをお勧めします。

① 借りた（使用した）名簿は必ず元に戻す（または消去する）。

② 名簿は政治活動（選挙活動）以外には使用しない。

③（電話等での）相手先からクレームや問い合わせがあったら、次の点を丁寧に説明し、明確に対応する。

・「この名簿は厳重に管理しております」

・「この名簿は政治活動以外には使用しません。政治活動は個人情報保護法の適用除外と規定されております」

④「この名簿はどこから入手したのか？」としつこく迫られ、その入手先を公表できない場合は次のように対応する。

・「個人情報保護法により、お答えできません」

これで安心して各種名簿が活用できます。

◉コンプライアンス厳守は常識

そもそも立法府をめざそうとする人や、それをサポートする人たちが、戦うルール（公職選挙法や政治資金規正法）を知らず、守らず、あるいは違法と知りながら平気で破るようなことが許されるはずがありません。しかし同時に、コーチや審判になるわけでもないのですから、必要以上のことまで詳しくなる必要もないのです。ただし、「買収供応」等の選挙違反を犯した場合、運動員はもちろん、候補者も一生を棒に振るような事態となりかねません。「絶対に当選する！」と同じくらいの気持ちで「絶対に違反はしない！」「違反者は出さない！」ことを肝に銘じて選挙戦に臨んでください。

公職選挙法等に多少明るい人を身近に置くと同時に、誰もが楽しく、安全に選挙に参加できるよう、そして違反者を絶対に出さないよう、候補者はもとより、スタッフ、選挙運動員、ボランティアに至るまで、必要最低限のことは事前に学び、正々堂々と戦い、勝利を勝ち取っていただきたいものです。

第5章

効果的なキャンペーングッズ

本章のポイント

本章では、様々あるキャンペーングッズの中から、各々の活動ごとに最新のトレンドや効果的と思われる主なものを取り上げ、制作する上での極意を中心に紹介していきます。

なお、内容が「選挙運動」にわたるものでなく、後援会の結成や勧誘のための文書や後援会総会の開催通知等（※）を出すことも「後援会活動」として「政治活動」の範囲内であると考えられています。

（※）頒布先や方法、態様や時期など、社会通念上、妥当と認められない場合は「選挙運動」と解釈される場合がよくあるため、文書違反とならぬよう十分な注意が必要です。

政治活動用キャンペーングッズの新常識

そもそも、選挙におけるキャンペーングッズは、候補者の名前と顔、そして主張（政策）を知ってもらい、より理解を深め、できれば好きになってもらうことを目的に作成するものです。したがって、基本は「知名度」と「認識度」の向上につながるものでなければなりません。どんなに素晴らしいコピーやデザインでも、投票所で名前を思い出してもらい、書いてもらわなければ意味がありません。また、限られたスペースにあれもこれもと記載する人もいますが、メッセージが多ければ多いほどインパクトは弱くなるのです。ポスター一枚で何を伝えたいのか、インパクトある（印象に残る）工夫が大切です。特に新人候補の方は名前を目立たせることに全力を注いでください。

ここでは、「政治活動用」と「選挙運動用」とに分けて説明します。「政治活動」とは、「政治上の目的をもって行われる一切の活動」のことをいいます。当然、特定の候補者の当選を図るために行う「選挙運動」も「政治活動」に含まれることとなります。

しかし、公職選挙法では「政治活動」と「選挙運動」を明確に区別しています。つまり、公職選挙法でいう「政治活動」とは、「政治上の目的をもって行われるすべての行為の中から、選挙運動にわたる行為を除いた一切の行為」とされているため、「選挙運動」ができる期間（告示日に立候補の届出をしてから投票日の前日まで）以外の期間はすべて「政治活動」となるのです。「政治活動」は本来自由であるべきものですが、「選挙運動」にわたる「政治活動」は、公職選挙法においては「政治活動」としてではなく、「選挙運動」としての規制を受けるのです。

「本章のポイント」でも述べたように、**「選挙運動期間」以外に行う活動はすべて「政治活動」となり、その期**

間も長いわけですが、その期間における「文書図画」の掲示については、公職選挙法（第一四三条第一六項）で、①公職の候補者または公職の候補者となろうとする者（公職にある者を含む）の氏名またはその氏名が類推されるような事項を表示する文書図画、②後援団体の名称を表示する文書図画―と規定し制限した上で、次に紹介するグッズの掲示が認められています。

基本的には選挙戦の直前まで、候補者の後援会に入会してもらうことを主たる目的とした「後援会活動」がその中心となります。したがって、こうした一連のキャンペーングッズを作成する場合には、その発行元が政治団体として選挙管理委員会に届出されていることが前提となります。

【政治活動用看板】―反射板タイプが登場

今、街を歩くと、幹線道路などの目立つ場所に候補者（現職を含む）の「政治活動用看板」が設置されているのが見受けられます。以前は名前や肩書きだけの画一的な看板が多く、候補者陣営もあまり重要視していませんでしたが、昨今、この看板に顔写真（ときには上半身や全身等）やキャッチコピーを入れるなど、バリエーションに富んだ看板が増え、候補者の顔と名前をＰＲできる〝選挙期間中でも設置したままでＯＫの合法的グッズ〟として重要視されるようになってきました。

最近では、車のライト等の光で反射するタイプの看板なども出現し、注目されつつあります。

さて、「政治活動用看板」の設置における〝常識のうそ〟について述べてみます。幹線道路や駅前商店街など、人通りの多い場所には国政選挙から地方選挙まで、様々な候補者がそうした場所に看板を設置しています。しかし、一般有権者の目線で改めてチェックしてみてください。はたして目立ったり、目に留まったりしていますか？

誰もが目立つ場所と思うところは、実は意外にあまり目立たないことが多いのです。すなわち、裏通りの角地

やT字路の正面など、多少人通りは少なくても、他の政治家（候補者）の看板のない場所に設置した方が効果的といえます。ぜひ、現在の設置場所を再点検してみてください。

なお、政治活動用の立札・看板（一五〇cm×四〇cm以内＝脚部分も含む）は、選挙ごとに候補者及び後援団体について制限枚数や選挙管理委員会交付の表示板を必ず貼付するなどの規定がありますので、違反しないよう十分注意してください。

【名刺】―ビラ型がおすすめ

次に、有権者に自分というものを知ってもらい、覚えてもらうための「名刺」についてです。

通常の名刺交換用の名刺は表裏一枚のものがいいでしょう。しかし、**街頭や集会等で配布するためには「（後援会入会）討議資料」としての名刺サイズビラをお勧めします。「二つ折」や「三つ折」「観音開き」といった『名刺型ビラ』です。そうした仕様にすることで、名刺サイズといえどもパンフレット並みの情報量が掲載できること、もうひとつは、通常のビラと異なり、名刺サイズに折りたたまれたものは受け取られやすく捨てられにくいメリットがあるからです。**

以前は、繁華街等で様々なビラ、チラシが配られていましたが、すぐに路上やゴミ箱に捨てられていました。しかし、アメリカ同時多発テロ事件以降、駅や街中からゴミ箱が消えてしまい、なかなか受け取ってもらえないようになったのです。そこで、いかにして受け取ってもらい、自己のPRをするかという、涙ぐましい創意工夫が必要となってきたわけです。

駅頭で演説し、ビラを配っても、受け取ってくれなければ意味がありません。その点、名刺サイズは受け取りやすく、日本人はもらった「名刺」をなかなか捨てないという習性があるため、その効果は大きいのです。**名刺**

ありがとう
凹凸党

サイズビラ作成に際して、一番大切なことは、サイズは小さくても、絶対に文字を小さくしないことです。デザイナーに任せておくと、プロフィール、血液型、星座、自分の趣味、短所・長所、最近感動した本、座右の銘、政策的な主張など、少しでも自分を知ってもらいたいという候補者の欲張った要求に対し、注文された通りにつくり、すべての情報を入れてしまいます。そうなると、どうしても文字が小さくなり、ご年配の人には読みにくくなるのです。これでは「お年寄りにやさしい政治」などと主張、記載してあっても真実味がありません。

選挙での広報物作成は、ご年配者にも見やすい印刷物（広報物）をつくるということが第一歩です。そうした気配りと、できる限り自分らしく、わかりやすい広報物をつくるよう心掛けてください。

【後援会入会チラシ・パンフレット】—入会受付はファクシミリまたはネットで

「パンフレット」とは、つづられた小冊子と解されています（八ページや三六ページでもページの制限はありません）が、通常は候補者の後援会への入会案内を兼ねた三つ折形式のチラシが多いようです。その中には、名刺に載せるような情報に加えて、地元で知られている各界各層の推薦者の声や、後援会規約の抜粋、漫画化してわかりやすくした政策ビジョンなどが入れば、より充実したものとなります。**いたずらに写真満載のものも見受けられますが、情報が多すぎるものと同様に、ほとんど見られていないのが現状です。**

「後援会入会申込書」については、従前はミシン目を入れ、ハガキを切り離すタイプが多く見られましたが、最近は少なくなりました。「後援会入会チラシ」にＡ４判等の「後援会入会申込書」を挟み込んで渡す方法も増えています。**後援会の入会申込みについては、基本的にファクシミリで申込書を送信してもらうという方法をお勧めしていますが、当然ネットからも申し込めるようにした方がいいでしょう。**

なお、選挙運動期間外の活動（政治活動）では後援会の勧誘活動が候補者の活動の大きな柱となりますが、「選挙運動」と表裏一体の面もあるため、パンフレット等には後援会入会を検討するための資料であることを明示しておくべきです。通常は「討議資料」と表記しています。また、「入会申込書」が届いたら、速やかに入会御礼の電話がけ（本人からがベスト）を行うよう心掛けてください。

【政党ポスター】―人気は大型タイプ、貼る枚数で勝負の小型タイプ

告示日や任期満了の六か月前までは政治活動の一環として開催する演説会の告知用の個人ポスター（顔写真入り）の掲示が認められていますが、六か月を切ると、個人ポスターは掲示できず、速やかに撤去しなければなりません。

そこで、それに代わって登場するのが「政党ポスター」もしくは「政治団体ポスター」です。これはテーマを設定した時局講演会告知の形式をとり、①弁士は二名以上であること、②各弁士の面積、文字の大きさ、写真の大きさ等は同等であること、③弁士一人の部分の面積が政党表示部分を超えないこと（面積、文字の大きさ等）、④弁士のすべてが同一選挙区内の公職の候補者でないこと―などの制約はありますが、告示日前日まで掲示できるポスターで（詳細については必ず当該選挙管理委員会にご確認ください）、弁士を二人（二連）、三人（三連）並べて掲載するものが多いようです。

大きさは自由で、最近の流行はＢ１判やＡ１判など大きなポスターも見られますが、あまり大きいものだと貼ってもらえるスペースは限られてしまいます。小さめのポスターをつくって、あちこちに、あるいは同一の場所に何枚か貼ってもらった方がいいという判断もあります。

弁士は必ずしも政治家である必要はありません。テレビに登場するような有名・著名人を使う人もいますが、政治団体ポスターの場合は、同じ政党で有名または人気のある政治家を弁士にするケースが多いようです。

政治団体ポスターは、政党ポスターより選挙管理委員会の厳しい判断もありますので、必ず事前に選挙管理委員会にチェックしてもらってください。

●選挙運動用キャンペーングッズ

短くて五日間、一番長くて一七日間の選挙戦で使用できるキャンペーングッズは公職選挙法により定められています。そこで、短期間で、こうした広報物の効果を最大化させるためにはどうしたらいいかについて説明します。

【選挙運動用ポスター】─第一印象で勝負

選挙運動期間中に公営掲示板に貼ってあるのが「選挙運動用ポスター」です。

選挙では公営掲示板にすべての候補者のポスターが貼り出され、市町村議員選挙ともなると何十人ものポスターが同じ場所に貼り出されます。実に様々なポスターが並んでいますが、どのようなポスターが良いポスターといえるのでしょうか。一言でいえば〝インパクトの強いもの〟です。**ポスターのデザインはもちろん重要ですが、選挙では、それ以上に〝目立つ（有権者の目につく）〟こと、そして候補者らしさ、メッセージが有権者に伝わることが重要です。**有権者に顔と名前、そしてメッセージを認識してもらい、投票用紙に自分の名前を書いてもらわなければならないからです。

ここでポスター作成のポイントについて紹介しましょう。まずポスターに掲載する候補者の写真は非常に重要です。しかし、必ずしも一流カメラマンの必要はありません。むしろ候補者の親しい友人でカメラのうまい人が最適任です。その理由は、候補者の一番素敵な笑顔、真剣な顔など、候補者のことをよく知っているからです。

次に、選挙ポスターに掲載する写真の表情ですが、一般的に「笑顔」「真剣な顔」「自然な顔」の三つのパターンがあります。世界中の選挙ポスターの大半は、たとえ独裁者でも「笑顔」が多いのです。やはり人は笑顔にひかれるのであって、「しかめっ面」に票は集まりません。ただし、挑戦者で、特に若い新人候補の場合は厳しい顔がふさわしいこともあります。

次にデザイン。これまでの選挙ポスターの常識にとらわれる必要はありません。顔の大きさも縮小してみたり拡大したりするなど自由にやってみていいと思います。以前なら頭の上に字を書いたり、顔が欠けたりすると縁起が悪いということで、そうしたポスターはありませんでしたが、最近は関係なくなってきました。顔をドーンと大きくすると非常に迫力が出ます。背景を黒にし、強いライトを浴びせて陰影を出すというのも、昔なら葬式のようで嫌われていたのですが、今は、立体感が出るのでいいという評価もあります。

写真撮影時の目線は特に大切です。カメラのレンズが有権者の目の高さと考え、絶対にレンズを見下ろしてはいけません。有権者からすれば、自分が見下されているように感じるからです。必ず目線は、レンズと同じか、レンズを見上げるようにしてください。

写真の選定では、撮った写真を候補者自身が選ばないようにしましょう。自分が好きな写真と他人が見て好ましいと思う写真とは違うからです。自分が選ぶと、どうしても自分の欠点が出ていないものを選んでしまうものです。候補者自身に選ばせないのが写真選定のコツです。

また、**新人候補の場合、知名度がないので必ず名前を大きく、目立たせるようにした方がいいのですが、知名度のあるベテラン候補であれば名前はすでに周知されているので名前を小さくしても構わないでしょう。**

なお、ポスター印刷時の注意事項として、ユポ紙（耐水性に優れた合成樹脂のポリプロピレンを主原料とした紙）か環境にやさしい紙にするか以上に、防水加工や、直射日光による変色や色落ちを防ぐ加工（ＵＶカット）等、貼ってから後悔しない選択を心掛けてください。特に選挙に不慣れな印刷会社の場合は、注意が必要です。

【選挙運動用ハガキ】―早めの準備がカギ

「選挙運動用ハガキ」は、選挙運動期間中に使用できる数少ない媒体のひとつです。

記載事項に特段の制限はありませんが、選挙の種類や選挙区によって発送できる枚数が定められているため、どういう内容で、どういう有権者に、いつ頃届くように発送すべきか、ということも戦略・戦術の大きなポイントになります。

だいたい、告示日までに、宛名書きや推薦人等のお願いを済ませておき、告示と共に回収し、指定された郵便局へ持ち込みます。従前は投票日直前に届くよう、郵便局に持ち込むケースが多かったのですが、**最近は期日前投票に行ってもらうよう案内ができるため、告示日の翌日に届くことをお勧めしています。**

また、ハガキの配布については、支援してくれる有力者や議員等に割り当てるよりも、事務所を訪れてくれたすべての人にたくさん渡した方がより効果があるでしょう。

【選挙運動用ビラ】―有権者が受け取りやすく、わかりやすいものを

地方選挙でも、すでに二〇〇七年に都道府県知事選と市区町村長選で、選挙運動用ビラ（ローカルマニフェスト）を記載した選挙運動用ビラの頒布が解禁されていましたが、二〇一七年の法改正により二〇一九年三月から町村議選を除く、すべての地方選で解禁となりました。

ビラを作成する際に気をつける点として、受け取りやすく（たとえば名刺サイズに折る等）、候補者の名前と顔が一日で認識できるように工夫することが大切です。

○頒布方法（左記以外の頒布は禁止されています）
・新聞折込みによる頒布
・選挙事務所内における頒布
・個人演説会の会場内における頒布
・街頭演説の場所における頒布

【選挙運動用自動車】―街頭演説の中心

「選挙運動用自動車」は、略称で「選車」「宣車」「広報車」「宣伝カー」等と呼ばれています。選挙運動期間中に選挙区内を走る選挙の宣伝カーで、街頭演説の中心となるものです。一般の有権者の目に触れる機会が多いという意味でも大きな役割を担っています。

ワゴン車の上に看板とスピーカーを載せるスタイルは数十年来変わっていませんが、今では、窓を含めラッピングした斬新なスタイルのものや、車体に名前や顔写真等を貼ったもの、スケルトン仕様（ガラス張り）の選挙カーも登場しています。また、**機能面ではカーナビはもちろん、ＧＰＳを使い、いちいち選挙事務所から携帯電話で連絡を取らなくても現在どこを走っているかがわかるシステムも登場しています。**

車種についても通常のワゴン車ではなく、あえて軽自動車や自転車

地方議会議員選挙における選挙運動用ビラの頒布上限枚数

選挙の種類	上限枚数
都道府県議会	16,000枚
指定都市議会	8,000枚
指定都市以外の市議会	4,000枚
町村議会	×

【参考】首長選挙における選挙運動用ビラの頒布上限枚数

選挙の種類	上限枚数
都道府県知事	10万枚＋（都道府県内の衆議院小選挙区数－1）×1万5千枚 ※上限30万枚
指定都市の長	70,000枚
指定都市以外の市長	16,000枚
町村長	5,000枚

を使う陣営も増えています。コストの問題はありますが、マイクやスピーカーについては、性能の良いものを選んでください。また、音量を大きくし過ぎて苦情や反発の出ないよう注意が必要です。

【選挙公報】――ネット掲載を意識して

公職選挙法により都道府県選挙管理委員会は国政選挙及び知事選挙について必ず「選挙公報」を発行しなければなりません。その他の地方選挙でも条例の定めがあれば「選挙公報」の発行ができるので、今ではほとんどの自治体で発行されています。

「選挙公報」は、各候補者の氏名、顔写真、経歴、政見などについてデザイン面で若干の規制はあるものの、各陣営が作成した掲載文をそのまま写真製版して掲載します。また、**選挙運動期間中に必ず全戸に配布される唯一の広報物であり、有権者の投票行動を左右する大切な広報物ですので、軽視せずに大いに活用すべきです。**これは選挙運動期間中に配布されるものですが、できるだけ早めに準備しておきましょう。少なくとも過去の当該選挙の選挙公報を入手し、他候補とひと目で差別・区別化できる、インパクトの強いものをつくるべきです。

◎カラー戦術の重要性

以上、主だったキャンペーングッズを「政治活動」と「選挙運動」とに分けて解説してきましたが、最後にキャンペーングッズをつくる際の重要なポイントを二つお教えします。

ひとつは「カラーリング」です。日本人は「気（性）が合う、合わない」といいますが、欧米人は「カラーが合う、合わない」といい、ビジネスでも、選挙でもカラーの相性・組み合わせをとても大切にします。**「カラーリング」で出されたカラーは、その人の人生のカラー（オーラの色）です。**ですから、仮に「青」なら、キャン

ページグッズすべてに「青」を使い、有権者に定着するまで徹底するのです。選挙の度ごとに色を変えてはいけません。なぜなら、カラーもあなたの大切な顔のひとつだからです。

この「カラーリング」は、専門家に依頼するのが一番です（アスク株式会社のウェブサイトから申し込みができます）が、ご自分で行う場合には自分の一番好きな色を選べばいいでしょう。

もうひとつは、**時間がないからといって人に任せっきりにせず、自らの熱い思いを込めて丁寧につくることです。**一般にポスターは微々細々にわたって何度もチェックし、こだわってつくっていますが、ウェブサイトやビラ、チラシなどになると、手を抜いているものがよく見受けられます。ぜひ同じくらいの熱、思いを込めてつくってください。「風土」とは「風」と「土」です。あなたの土（選挙区）にかなった風（情報・武器）で、あなた自身のオリジナルの選挙風土を生み出してください。

「有権者本位の目線」でつくること

キャンペーングッズ作成の基本は、政治活動用でも選挙用でも、常に「有権者本位の目線」でつくることが重要です。候補者や選挙対策本部の自己満足はＮＧです。

かっこよく見せようとデザインを重視しすぎたり、あれもこれも伝えたいという気持ちから、結果的に文字が小さくなってしまっているキャンペーングッズをよく目にしますが、これではご年配者を排除しているようなものです。常にターゲットとすべき有権者の目線に立って、「読ませる」ではなく「読みやすい」ものをつくることを心掛けてください。

第6章
外見・好感力アップの秘訣

本章のポイント

本章では、候補者の「外見・好感力」の重要性についてお話したいと思います。マスコミが実施する世論調査で「投票する候補者の選定基準」を見ると、およそ毎回のように、「政策・マニフェストで選ぶ」がトップ（複数回答では過半数を超える）になります。しかし、実際のところはどうなのでしょうか？　たとえば2005年の郵政選挙（小泉劇場）や2009年の政権交代時、2012年の民主党政権から自民党政権へと戻った総選挙、直近の2021年の総選挙、2022年の参院選などで各政党の政策・マニフェストを比較して投票した人が一体、何％いたのでしょうか？

実際に、ある大手マスコミが「期日前投票出口調査」を行う際に、この理由を聴いてもらったところ、「政策・マニフェストで（投票する人を）選んだ」と答えた人はほんの数％だったそうです。

では、それ以外の主な選定基準とは一体何なのでしょうか？

それが本章で紹介する「外見・好感力」なのです。

『メラビアンの法則』

皆さんは、『メラビアンの法則』をご存知ですか。この法則は、人がどれだけ人を見た目で判断しているのかを研究した、アメリカの心理学者アルバート・メラビアン教授が一九七一年に提唱した法則です。

この法則によると、人の言動は話の内容などの「言語情報」が七%、口調や話の早さなどの「聴覚情報」が三八%、見た目などの「視覚情報」が五五%という割合で他人に影響を及ぼすというもので、その比率から『七―三八―五五のルール』とか、「言語情報（VERBAL）」「聴覚情報（VOCAL）」「視覚情報（VISUAL）」の頭文字を取って『3Vの法則』とも呼ばれています。つまり、他人への影響力という点では「聴覚情報」と「視覚情報」という「ノンバーバルコミュニケーション（非言語的コミュニケーション）」が九三%を占めているというものです。

これは選挙の世界でも重要視されており、**有権者は候補者の「バーバルコミュニケーション（言語的コミュニケーション）」以上に、「ノンバーバルコミュニケーション」による「外見・好感度」で投票行動が左右されるという見方が有力になっています。**

たとえば無名のA候補が毎朝、駅頭で演説をしているとします。A候補が演説を始めて一か月後、通勤する人たちに「A候補を見たことがありますか」と聞くと一〇〇人中三〇人ほどが「見たことがある」と答えたとします。二か月後に同じ質問をすると今度は一〇〇人中五〇人くらいが「見たことがある」と答えます。三か月後、「見たことがある」と答えた人に対し、今度は「それではA候補が街頭で何をしゃべっていたか、その内容を覚えていますか？」と聞いてみると、A候補の演説の内容をいえる人はほとんどいないのです。どれだけ政治家（候補者）が一生懸命訴えても、その内容は、仮に覚えていたとしても三日も経てばほとんどの人の記憶から消えてしまうものです。しかし、あの政治家（候補者）の態度がいいとか、横柄だとか、笑顔がいいとか、しかめっ面ばかりという好印象・悪印象は記憶からなかなか消えないものです。

『メラビアンの法則』に従えば一〇〇人中七人くらいしか演説の中身で判断していないことになりますし、記憶に残るとなるとその数はさらに少なくなるでしょう。残りの九三人はＡ候補の演説する姿を見てはいても、ほとんどの人は演説の内容までは聞いていませんから、覚えているはずもありません。有権者の印象に残るのは、前述のようにＡ候補は話し方がソフトとか、こっちを向かないとか、あるいは感じがいいとか、偉そうとか、かわいいといった「ノンバーバル」のイメージが中心なのです。

これは裏を返せば、ほとんどの人は演説の内容を聞いてもおらず、覚えてもいないということですから、候補者はただ政策だけを訴えていてもダメということです。自分の「外見・好感度」に気を配って演説をしなければ、有権者の意識の中にあなたのイメージを植え付けることができず、当選を引き寄せることも難しくなるわけです。

「外見・好感力」とは

人間の外見による好感度、これを私は「外見・好感力」と呼んでいます。

選挙では「外見・好感力」が高いと票が集まりやすく、低いと逃げていきやすいのは確かです。特に最近はそうした傾向が顕著になりつつあります。候補者がそれまでどんなに素敵な対応で有権者に臨んでも、ほんの些細なしぐさ・態度で「外見・好感力」が下がってしまうこともあります。そのしぐさがテレビで何度も放映されたり、たとえばユーチューブ（YouTube）などの動画サイトに、〝上から目線〟的な態度の動画を掲載され、多くの有権者の目に触れることにでもなれば、かなりの票が逃げていくことでしょう。

もちろん、「外見・好感力」という場合の「外見力」とは、その人の顔や容姿の〝良し悪し〟だけを指しているのではありません。立ち居振る舞いを含めた総合的なものです。人を感動させる演説ができるかどうかも「外見・好感力」の一部といえます。

候補者に求められるのは、必ずしも相手候補との議論に勝つことではありません。候補者としてのイメージを高め、それを有権者にアピールすることなのです。その点で顕著な成功を収めたのは、何といっても二〇〇五年の郵政選挙での小泉純一郎首相（当時）です。

総選挙では投票日一週間くらい前からテレビ各局で党首討論が行われますが、郵政選挙の際のテレビ討論でまず目を引いたのが小泉元首相の服装でした。他の党首がスーツ姿の堅苦しい服装だったのに対し、小泉元首相だけはノーネクタイのリラックスした格好でした。テレビの視聴者を意識し、休日の政治討論番組というＴＰＯに合わせ、好感度アップはもちろん、党首討論であっても平常心で臨むという姿勢を示したのです。この狙いはピタリと当たり、番組を見た人は他の党首に比べて小泉元首相の方に人間としての余裕を感じたのです。

これは、公開討論会などの場でも同じです。公開討論会は各選挙区で行われ、今では地元テレビ局はもとより、ネットで放映されるようになってきましたが、候補者の中にはこれに出席することを嫌がる人も多いのです。

候補者はこうした場で、自分をどのように表現していくか、有権者に対し、いかに良いイメージを植え付けていくかが大切です。対象は会場に来た人だけではありません。テレビやネットなど、カメラの向こうにも大勢いるのです。議論で相手を打ち負かすのではなく、候補者としての「好感度」を有権者にアピールすることが求められるのです。

つまり、市長選であれば、有権者（視聴者）はどちらが市長にふさわしいか、衆院選であれば、どちらが衆議院議員にふさわしいかといった点を無意識のうちに判断しているのです。その候補者の話の内容以上に、市長選ならリーダーとしての威厳がある、衆院選なら地域の代表として国政に送り込みたいと思える、そんな候補者に有権者は投票するものです。逆にいえば、有権者にそう思わせることに成功した候補者が当選するのです。公開討論会は「ディベート」のように議論に勝つ場ではないのです。

カメラのレンズは有権者目線

映像での政治家の失敗例は少なくありません。少し古い話ですが、二〇〇九年二月にイタリア・ローマで開かれたG7（先進七カ国財務相・中央銀行総裁会議）後の記者会見で中川昭一財務・金融担当大臣（故人）がいかにも眠そうに記者の質問に答える様子はテレビの前の視聴者をあ然とさせました。この会見は〝もうろう会見〟と呼ばれるようになり、中川氏は政治家としての資質まで疑われるようになってしまったのです。しかも、この会見の模様は直ちに「ユーチューブ（YouTube）」に載せられ、多くのネット利用者の目にさらされ続けることになりました。結局、二〇〇九年八月の総選挙で中川氏は落選の憂き目にあったのです。もうろう会見が選挙に大きく響いたのは間違いありません。これが映像ではなく新聞・週刊誌の記事だけだったらそこまでのダメージにはならなかったでしょう。

今や誰もがスマートフォンを持ち、いつでも、どこでも、誰でもすぐに動画撮影が可能です。仮にマイナスイメージにつながる動画を撮られ、対抗する陣営が、自分たちに都合の良い部分だけを切り取り、動画をアップし、それが瞬く間に拡散されたら票を失いかねない時代になったのです。

このように動画はマイナスのイメージも大きく増幅させます。有権者からすると、政治家の一挙手一投足の細かなしぐさに至るまで映像でチェックできるようになったわけで、テレビばかりかネットを通じても政治家のマイナスイメージがどんどん広がっていきます。こうした動画撮影に対し、政治家や候補者は細心の注意を怠ってはなりません。

「外見・好感力」の磨き方

例外中の例外とはいえ、「外見・好感力」を自分自身でアップさせ、コントロールできる政治家もいます。小泉純一郎氏や田中角栄氏などは、一種の「外見・好感力の天才」ともいえるでしょう。しかし、通常はそうはいかないため、日頃からの注意が必要です。したがって、最近は「外見・好感力トレーニング」を行う政治家・候補者も増えてきました。アメリカでは政治家に限らず企業のトップエグゼクティブも、そうしたトレーニングを行っているのが現状です。

地方議員の方々の強みは、基本的に、常に選挙区内で暮らし、有権者とも密なコミュニケーションを図れることです。しかし、当選後は、どうしても後援会中心の活動となってしまいがちです。いわゆる無党派層、浮動票、無関心層といわれる、一般有権者の人たちにとっては、選挙戦が始まって初めて、生の候補者に接し、そのときの最初の五秒から一〇秒程度で候補者を評価してしまうものなのです。

後援会にでも入っていれば、仮に負の評価があったとしてもその後の付き合い方で評価を変えてくれることはあるでしょうが、街頭等での活動で、一度できあがったイメージを変えることはなかなか難しいのです。一般的に、いったん、マイナスのイメージができあがったら、それをプラスのイメージに変えるためには、ゼロからプラスにする何倍ものエネルギーが必要だといわれています。

最初からマイナスのイメージを持たれないためにも、「外見・好感力トレーニング」はこれからの候補者にとっては不可欠なものとなっていくでしょう。一方で、有権者から見れば候補者のしぐさが本人本来のものか、演出されているものかを見抜く目も必要となってきます。

誰でもできる「外見・好感力」アップ術

いかに「外見・好感力」が重要かということがご理解いただけたでしょうか。それでは最後に、誰でもできる「外見・好感力」のアップ術を少しご紹介しましょう。

よく「イメージ選挙」といいますが、一般にいわれる「イメージ選挙」とは、実際の候補者とは異なるイメージをつくり上げ、選挙を戦うことですが、私がいっている「外見・好感力アップ」とは根本的に違います。「外見・好感力」とは、実際にその人が持っている一番素敵な側面を抽出し、それをできる限り前面に打ち出すことで、有権者に良いイメージをインプットさせるものなのです。

ですから、「外見・好感力」をアップさせるためには、家族や親しい友人から、「その笑顔が一番だね！」と言われたら、いつでも、どんなときでもその素敵な笑顔を出せるよう繰り返し練習することです。最高に素敵な候補者を演じる努力を怠らないことです。つまり、政治家（候補者）は一歩外に出るときは〝心のメイキャップ〟も必要ということです。

【自分でできる「外見・好感力トレーニング」チェックリスト】

自分でできる「外見・好感力」トレーニングの主なチェック項目を、一例として紹介します。TPOに合わせて柔軟に解釈し、実践してみてください。あなたはどのくらい準備できていますか？

姿勢・態度
□背筋は伸びていますか？
□手を後ろに組んでいませんか？
□椅子に座る際、人前で足を組んでいませんか？
□話をするとき、身振り手振りでアクセントをつけていますか？
□有権者に手を振るとき、手の甲ではなく、手のひらを見せていますか？
□お辞儀をする際、相手と視線を合わせてからお辞儀をしていますか？
□お辞儀をする際、ゆっくりと頭を下げ、一度、止まるぐらいの気持ちで、頭を上げるときはやや早めにしていますか？
□握手をする際、相手の目を見て握手していますか？
□歩くとき、顎を出したり、目線を落として歩いていませんか？
□話をするとき、相手と目線を合わせていますか？
□相手の話を聴くときはうなずくなど反応していますか？
□まばたきをし過ぎていませんか？
□社会的弱者の方に気配りしていますか？

	□体臭や口臭には気をつけていますか？
演説	□演説の際、第一声は明るく大きな声で話すよう心掛けていますか？ □自分の演説を録音して聞いたことがありますか？ □話題を絞って、できるだけ結論から話すよう心掛けていますか？ □有権者の心に残るよう、短めのフレーズで話していますか？ □専門用語や外来語は使わないよう心掛けていますか？ □具体的でわかりやすいよう、データや数字を挙げて話していますか？ □専門的で難しい話をせず、誰にでもわかりやすい言葉で話していますか？ □得意とする演説テーマはありますか？ □時には抑揚をつけたり、ユーモアを交えたりしていますか？
服装	□ＴＰＯをわきまえた服装を心掛けていますか？ □自分にあった服装を知っていますか？ □常に清潔感ある服装を心掛けていますか？ □いかにも高そうと思われるようなブランド品を身につけていませんか？ □自分の「カラー」を取り入れた服装をしていますか？

※いつも笑顔でいる必要はありませんが、有権者と触れ合う際は、情があふれる笑みで接するよう心掛けてください。暗い表情の政治家に投票する人はいませんから。

第7章

正攻法のネガティブ・キャンペーン

本章のポイント

「ネガティブ・キャンペーン」とは、相手候補（対抗馬）の政策や政治姿勢、さらには人格上の欠陥・問題点（政党の場合は政策等）等を事実に基づいて指摘、批判し、主に有権者の信頼を失わせ、自陣営を有利に導こうとする選挙戦術のことです。

「ネガティブ・キャンペーン」というと、事実無根のことで相手候補を " 誹謗中傷 " する、差出人不詳の「怪文書」的なイメージが今でも強くつきまとっています。それはネット選挙が解禁された今でも、変わらず掲示板サイトやブログ、ツイッター等で、口汚く罵る光景も続いています。そしてそれらは必ずしも事実に基づいた批判とは限りません。

しかし、「ネガティブ・キャンペーン」の本場・アメリカでは、そのようなアンフェアかつ次元の低いものはすでに自然淘汰され、事実に基づいた容赦ない「ネガティブ・キャンペーン」が繰り広げられているのです。

ここでいう正攻法とは、従前の「怪文書」のような差出人不詳や事実無根の誹謗中傷ではなく、すべて事実に基づいて行われるキャンペーンのことです。

「ネガティブ・キャンペーン」の本場・アメリカの現状

アメリカの大統領選挙では、放送メディア、特にテレビ（CM・テレビ討論）が大きな役割を果たしています。一九五〇年代以降（一九五二年の共和党アイゼンハワー候補のウォルト・ディズニーが制作したテレビCMが史上初の本格的選挙CMといわれる＝それ以前はラジオが中心）、本格的なテレビCM時代（＝テレポリティックス時代）を迎え、特に八〇年代以降は「ネガティブ・キャンペーン」全盛期を迎えています。

しかし、二〇〇八年のオバマ氏の選挙では、ソーシャルメディアなど、口コミを活用した「草の根の選挙」が注目され、テレビでの選挙CMに依存したメディア戦略を見直す動きも生まれましたが、二〇一二年の共和党の予備選挙では、再び各候補への「ネガティブ・キャンペーン」が、テレビ、ラジオ、インターネットなどのあらゆるメディアを通じ、かつてない規模で流されたのです。

その原因のひとつは「スーパーPAC」という制度にあります。このPAC＝POLITICAL ACTION COMMITTEEとは、アメリカの選挙において活動する政治資金団体のことで、候補者への献金とは別に、候補者を支持しているPACに献金することで、候補者を応援することができるのです。これまで個人献金は年間五〇〇〇ドルまでという制限がありましたが、二〇一〇年、最高裁判所は「言論の自由」を根拠に「個人や企業が無制限に献金できる」との判断を示しました。いわば、政治的な主義・主張を表明する「政治活動」を「選挙活動」とは区別する考えです。こうしてPACは巨額の政治資金が流れ込む「スーパーPAC」と呼ばれ、一部の金持ちや企業からの献金が、選挙戦を左右するようにまでなったのです。「スーパーPAC」は候補者陣営とは直接関係がないというのが建て前のため、集めた資金の大半を相手候補への「ネガティブ・キャンペーン」等に使うことで、支持候補の側面支援を行っているというのが実情なのです。

こうした「ネガティブ・キャンペーン」だらけの状況に、アメリカの有権者は多少うんざりしているようです。にもかかわらず、「ネガティブ・キャンペーン」は一向になくなる気配がありません。なぜか？　それは「効果があるから」です。視聴者は意識的にそうしたCMに拒否感を示すものの、候補者の負の要素が無意識のうちに視聴者に植え付けられるため、その効果は大きいといわれているのです。

伝説のテレビCM『デイジー』

さて、アメリカの選挙キャンペーン史上、最も有名なテレビCMといわれているのが、民主党のリンドン・ジョンソン氏と共和党のバリー・ゴールドウォーター氏とが争った一九六四年の大統領選挙で放映された『デイジー（ひな菊）』というCMです。しかも、このCMはたった一回放映されただけで、一夜にして当時の世論をひっくり返したともいわれる「ネガティブ・キャンペーン」の処女作兼代表作とされています。

ゴールドウォーター氏は共和党きってのタカ派。アメリカは、当時、いわゆる「冷戦」の真っ最中でした。ゴールドウォーター氏は、冷戦下でソ連の核ミサイルに対抗するにはソ連の核を圧倒する核ミサイルをアメリカが保有してこそソ連の核使用を抑止できる、と訴えていました。対する民主党のジョンソン氏は「核には核を」といった『核による抑止力』ではなく、『非核の抑止力をアメリカが持つべきだ』と主張していました。しかし、アメリカが核ミサイルを大量に保有するという考え方に世論の大勢もやむなし、と傾きつつあったのです。その一方でゴールドウォーター氏が大統領になったら核戦争がぼっ発するのでないかと心配する国民も少なくありませんでした。

そうした状況下での大統領選挙において、ジョンソン陣営のプロデューサーであるトニー・シュワルツ氏が制作したCMが『デイジー』だったのです。

●たった一回の放映で世論を変えた伝説のCM

この『デイジー』はわずか三〇秒で、たった一回しか放映されなかったスポットコマーシャルでしたが、その翌日から、それまでの全米の世論の大勢を、「もう核競争はイヤだ！」という方向に一瞬にして変え、ジョンソン支持に流れを変えてしまったといわれるほどの伝説のCMです。

空前絶後のCM効果をもたらしたこのデイジーの主なコンテンツは次の通りです。

幼い少女がひな菊のお花畑で、

「ワン、ツー、スリー……」

と、ひな菊の花びらを一枚ずつ引き抜きながら数えるシーンから始まります。少女の声が「ナイン」までいくと、レンズは少女のつぶらな瞳にフォーカスされ、突然、声は少女から大人の男性の冷たい声に変わり、カウントダウンが始まります。

「テン、ナイン……スリー、ツー、ワン、ゼロ」

……轟音とともに少女の瞳が巨大なキノコ雲に変わり、そして、こんなナレーションが流れるのです。「全人類が生存できる世界か暗黒の世界か、愛に満ちた世界か死か。これが争点です。一一月三日はジョンソンに投票しましょう。重大な選択です」

これはまさに、ゴールドウォーター陣営に対する強烈な「ネガティブ・キャンペーン」で、ゴールドウォーター氏には政権を任せられないという印象を人々に植え付けたのです。この一本のＣＭが流れたときから、「核戦争は絶対にイヤ」といった世論が形成されていったわけです。それは同時に反ゴールドウォーターの風であり、ジョンソン支持広がりの風に変わり、結果はジョンソン氏の大勝に終わったのです。

『ウィリー・ホートン』

もうひとつ代表的な例を挙げましょう。それは一九八八年にブッシュ氏がデュカキス氏に対して行った『ウィリー（ウィリアム）・ホートン』によるキャンペーンです。

そもそも、「外見」「政策」「経験」、そのどれもが前マサチューセッツ州知事のデュカキス氏の方が、ＣＩＡ副長官で暗い過去を持つブッシュ氏より優っていると思われていたのです。ただ一点を除いては。

その一点とは、まさに、その後のブッシュ陣営によるしつような「ネガティブ・キャンペーン」の材料となり、デュカキス氏の致命傷ともなった、デュカキス氏の「やさしさ」「人が人を裁いてはならない」という聖書の教えに基づいたデュカキス氏の思想信条である「死刑廃止論」だったのです。ところが、多くの凶悪犯罪、特に再犯者の恐怖にさらされていた当時のアメリカ国民にとっては、やはり「極刑＝死刑」がないと犯罪はなくならないという認識が強く、この「死刑廃止論」はデュカキス氏の大統領としての資質を問うウイークポイントとなったのです。

これはデュカキス氏がマサチューセッツ州知事であったときに実施され、大統領選挙での公約にも掲げていた「囚人に対する週末の仮釈放政策」に対する批判ＣＭです。ＣＭでは、「彼の回転ドア刑務所政策は、仮釈放の資格のない第一級殺人者にまで週末の一時休暇を与えました」というナレーションと共に、囚人服の男たちが長い列をつくって回転ドアから出入りする映像が流されるのです。「二六八人が逃亡」という大きな文字と共に、「釈放中に多くの者が誘拐や強姦などの罪を犯しました」という声、そして囚人たちが回転ドアを通る映像がスローモーションで映し出される。「多くの者がまだ逃走中です。マイケル・デュカキスはマサチューセッツで行ったことをアメリカ全土でも行いたいといっています。アメリカ国民はこのような危険を我慢できますか?」と、そしてブッシュ氏の小さな写真と共に、「ブッシュ・クエール（副大統領候補）なら大丈夫（＝犯罪に厳しい）」という文字が映し出されるのです。

このCMにより、「デュカキスは犯罪に甘い。犯罪防止にはブッシュ!」という印象を強く人々に与えたのです。その反響は非常に大きく、当初、優勢だった情勢も瞬く間に逆転されてしまったのです。

劣勢に立たされたデュカキス氏にとって、逆転の最後のチャンスとなったテレビ討論でも、ブッシュ氏の「たとえあなたの妻が強姦され殺されたとしても、犯人の死刑に反対するのか?」という問い掛けに対し、デュカキス氏は反論らしい反論もせず「それでも私は死刑に反対だ。賢明なアメリカ国民には十分理解されていると思う」と繰り返したのです。

これはテレビを見ていた有権者にとって、むしろデュカキス氏の方が感情のない冷血な人間に見えてしまったのです。「下劣な質問はするな!」と色をなして怒った方が、有権者もデュカキス氏を情のある人間だと思ったに違いありません。あるいはその直後、ブッシュ氏が窮するような質問で切り返したなら、盛り返すこともできたかもしれなかったのです。最後の最後までデュカキス氏はほぼ沈黙を守り、フェアなパンチを打ち返さなかった、返せなかったことが致命傷となり、ブッシュ氏に敗れてしまったといえます。

「ネガティブ・キャンペーン」に対する大きな誤解

日本のマスコミは、比較的アメリカの選挙事情に対し、「ネガティブ・キャンペーンが過剰だ」と一様に批判的です。その影響もあってか、多くの日本人も「ネガティブ・キャンペーン」には批判的です。それは「ネガティブ」という言葉自体に「否定的な」響きがあるためかもしれませんが、それ以上に、「ネガティブ・キャンペーン」と聞いただけで、相手を「おとしめる」＝下品で卑怯な選挙手法だと思い込んでしまっているようです。

しかし、そこには大きな誤解があります。アメリカの「ネガティブ・キャンペーン」は、事実でないことやうそをねつ造して相手候補を攻撃するということではありません。〝事実に基づいて相手候補を批判する〟＝フェアなパンチなのです。

一方で、日本には前述のように、「怪文書」という選挙戦術が今でも存在します。「怪文書」は主に首長選挙などのときにどこからともなくまき散らされますが、事実でもないデタラメな文書を、発信者不詳で大量にばらまくことこそ、アメリカ人にいわせれば「アンフェアだ」となるのです。

正攻法の「ネガティブ・キャンペーン」とは

前述の二つのCMはアメリカ選挙史上に残る有名な作品として広く知られていますが、これらに共通するものは、前者は一九六二年の「キューバ危機」の際の核戦争に対する恐怖心、後者は、週末仮釈放政策の下で仮釈放中だった第一級殺人犯であるウィリアム・ホートンが、女性に対し強姦殺人を犯したという痛ましい事件を人々に思い出させたのです。

BANG

『デイジー』をつくったプロデューサーのトニー・シュワルツ氏は「映像の神様」「選挙の神様」といわれていますが、私は、このアメリカの伝説的選挙コンサルタントにニューヨークのオフィスで二度会っています。最初に会ったとき、「ネガティブ・キャンペーン」の話題になりました。そのとき私は「ネガティブ・キャンペーンのように人をおとしめて、それで自分が浮かび上がろうとするようなアンフェアで卑怯な手法は日本では通用しませんし」と言ってしまいました。同席したアメリカの著名な選挙コンサルタントの顔がみるみる青ざめていったのを覚えています。

シュワルツ氏は本気で怒り出し、私にこう反論したのです。「日本には『怪文書』というものがあるだろう。私はちゃんと知っている。あれは何だ！　多くの選挙運動でやっているというではないか。事実でもないうそ八百を並べて対抗馬の足を引っ張っているじゃないか。ましてや差出人も不明。それこそアンフェアだ！　私たちがやっている『ネガティブ・キャンペーン』はフェアなものだ。なぜなら、すべて事実に基づいて行うからだ」と。

つまり、**「ネガティブ・キャンペーン」とは、うそを並べ立てて一方的に攻撃するものではなく、相手にも反論のチャンスを与える、事実をもとに相手を攻めていく手法なのだということです。**さらに、シュワルツ氏はこう続けました。「選挙戦をボクシングに例えれば、事実に基づいたフェアなパンチを相手に浴びせ、相手も同じように反撃してくることを覚悟して戦っている」と。

フェアなパンチとは事実に基づいたパンチです。ですから、先の『デイジー』もゴールドウォーター氏が「核使用もあり得る」と発言した事実に基づいて制作されたものなのです。しかし、前述のように、この点について日本のマスコミも多くの日本人も誤解しているのです。

ボクシングの試合でボクサーが互いに牽制するばかりで、なれ合い的なパンチしか出さなかったり、クリンチ（抱きつき）ばかりが続いていると、観客（ギャラリー）はしらけ出し、「もっと真剣にやれ。パンチだ、パンチを打て！」とブーイングを起こす。そして、片方のボクサーがパンチの連打で攻勢に出れば、打たれている方のボクサーに向かって観客は「反撃しろ！」と叫ぶ。そこでまともな反撃ができないと、観客の期待は失望に変わるのです。

選挙も全く同じです。**候補者同士がフェアなパンチを出し合えば、それだけ観客（有権者）の関心は高まります。フェアなパンチで攻撃されているのに、フェアなパンチで反撃しない、できない候補者は有権者から同情されることなく、失望の対象となるだけなのです。**攻撃されたら間髪入れずに反撃しなければなりません。「わかってくれるだろう」では間違いなく有権者を失望させるだけなのです。

●日本の「ネガティブ・キャンペーン」の代表例

日本でも以前から「ネガティブ・キャンペーン」は行われていましたが、その中で正攻法の「ネガティブ＆比較キャンペーン」の初期における代表例を挙げるとすれば、二〇〇六年一一月に行われた沖縄県知事選挙があります。この選挙は旧通産省官僚で、沖縄電力の社長、会長になり、一九九〇年から九三年まで県の副知事も務めた仲井真弘多氏（当選）と、かつて参院選で三〇万票以上を獲得した経歴を持つ、参議院議員の糸数慶子氏との事実上の一騎打ちとなった選挙です。

六七歳（当時）という年齢の高さ、さらには外見や経歴から来る堅いイメージの仲井真氏、一方、「女性初の沖縄県知事」をキャッチコピーにし、五九歳（当時）で外見力、演説力もある糸数氏、その上、革新系の強い土地柄もあり、序盤戦は糸数優勢で、仲井真陣営は苦戦を強いられていたのです。

そこで、仲井真陣営は、法定ビラでまさに〝事実に基づいた〟「ネガティブ・キャンペーン」を実施したのです。その事実とは、これまで再三再四、「日米安保条約反対」とか「自衛隊反対」と叫んでいた糸数氏が、沖縄県知事選に突入する直前に日米安保条約も自衛隊も認める発言をしたことです。これは沖縄の地域政党から糸数支援の条件として出されたもので、糸数陣営がその条件をのみ、「政策協定」が結ばれたことが地元紙に掲載されたのです。

仲井真陣営は、この糸数候補の発言の「ブレ」が掲載されている地元紙の紙面（すなわち事実）に掲載された文章の入ったビラを作成・配布したのです。糸数氏のこれまでの政治姿勢を支持してきた人たちにすれば、このブレは無視できないものだったに違いありません。これにより、おそらく少なくない〝長年の革新票〟が糸数氏から離れてしまったと推測できます。

また、概して男性の有権者は多少の発言のブレに、「まあ、しょうがないか」と比較的寛大な反応を示す傾向がありますが、女性は違うのです。ブレることが大嫌いなのです。「なぜ発言がブレたのか」を理解する以前の問題で、「ブレた」という事実に嫌悪感を持つ人が多いのです。糸数陣営とすれば本来、この攻撃ビラに対し、法定ビラ二号できちんと反論すべきだったのです。しかし、実際には何の反論もなく、前述のテレビ討論でのデュカキス氏と同じ対応だったのです。

最近ではネット上での炎上や週刊誌等のスキャンダル報道が発端となり、票を失うケースも多く見られるようになりました。

これからの「ネガティブ・キャンペーン」

「ネット選挙解禁」により選挙期間中のサイト更新もできるようになりましたが、今後は特に動画による「ネガティブ・キャンペーン」もたくさん出てくるものと思われます。

たとえば、候補者が支持者の前で思わず暴言を吐いてしまったシーンとか、スタッフをどなりつけているシーンなどを、密かにスマートフォンで撮影され、その日のうちに「ユーチューブ（YouTube）」等の動画投稿サイトで流されるといったようなケースも出てくるでしょう。こうしたことは国政選挙の候補者や有名候補に限ったことではありません。地方の市長選挙や市議会議員選挙でもあり得るのです。いったんネット上に載ってしまったら、瞬く間に口コミ等で広がり、その地域の多くの有権者に見られ、対象となった候補者は落選にまで追い込まれるかもしれません。

たとえば、ある市長選の告示期間中に、A候補が「○○の問題」について、ある集会では「賛成」の演説をし、一般の有権者を対象とした街頭では「反対」の演説をしたとしましょう。たまたまその演説を聴き、動画を撮影していた人が、A候補の意見のブレを、投票日直前に動画投稿サイトに「A候補は二枚舌！」などのタイトルでその場面の動画を投稿したところ、市内で大きな話題となり、閲覧数が数千を超え、明後日投票日となったら、その候補者は落選するかもしれません。

もちろん、対象となった候補者は選挙中にオフィシャルサイトで「あの映像の真意は……」などとすぐに否定すれば、一定の反論効果は期待できるかもしれません。しかし、こうしたことが起こると、陣営の士気にも大きな影響を与えてしまいがちです。ですから、候補者は常に自分の言動について細心の注意を払わなければならなくなったのです。

最近、地方選では候補者本人の暴言や失言等を捉えるのではなく、街頭や集会（個人演説会等）での応援弁士の暴言や失言等を狙い、「ユーチューブ（YouTube）」等の動画投稿サイトに「○○陣営の△△の××発言を許すな！」といった投稿をアップするなどのネガティブな手法も登場しています。今後は、候補者のみならず、応援弁士の方にも、こうしたリスクがあることを承知してもらう必要性があります。

また、トランプ大統領の勝利について、今も問題となっているのが、ロシアがツイッター等で対立候補であるヒラリー候補をおとしめるネガティブ戦術を展開したことです。これはイギリスの「ＥＵ離脱」に関する国民投票が行われた際にも、主にツイッター等でネガティブな世論誘導が問題となりました。こうした新たなネガティブ手法にも今後は注意していかなければなりません。

このように、本場・アメリカではテレビ時代の到来と共に「ネガティブ・キャンペーン」が登場し、有効な選挙手法として用いられています。日本でもこれからフェアな「ネガティブ・キャンペーン」はどんどん広がっていくことでしょう。

有権者からすれば、政党や候補者同士が正攻法でフェアなパンチを浴びせ合うことで、選挙戦は面白いものとなり、その結果、投票率も上がってくるはずです。何事も行き過ぎはひんしゅくを買いますが、日本の場合、一方通行的ＰＲが主体で、候補者同士のパンチの見せ場がなさ過ぎるように思います。適度な「ネガティブ・キャンペーン」はわが国でも常識化してくるでしょう。

ネガティブ・キャンペーンを展開する際のキーワードは「事実に基づくパンチ」です。不倫や暴言、失言等の内容を活字で流布しても、今はそれほど影響ありません。なぜなら見過ごす人も多いからです。しかし、動画や写真が流出したら、それを見た人は即反応し、それこそ勝敗を左右することにもなりかねません。いつでも、どこでも手軽に写真や動画が撮れるスマートフォン。一般に広く普及した今こそ、注意が必要です。

落選運動は誰でもできる

「ネガティブ・キャンペーン」で特に注意しなければならないことは、事実に基づかないデマを流したり、ある候補を意図的におとしめる行為は「名誉棄損」はもとより、（選挙直前や選挙期間中であれば）「選挙の自由妨害罪」で刑事告訴されることもありうるということです。

しかし昨今、特に国政選挙や首長選挙において、特定のイシュー（課題）に賛同しない候補者や、候補者のある問題に対する説明責任を問い、候補者の落選を訴える「落選運動」も見られるようになってきました。確かに、公職選挙法には、「特定の選挙について、特定の候補者の当選を目的として、投票を得又は得させるために直接又は間接に必要かつ有利な行為（選挙運動）」に対する制限はあっても、「落選運動」のような、何ら当選目的がなく、単に特定候補者の落選のみを図る行為である場合には、選挙運動には当たらないと解されているため何の制限もありません。

このように公職選挙法には「落選運動」に関する規定がないため、たとえば一八歳未満の中高生でもできるのです。ただし、一議席を争う選挙で、候補者が二人しかいない場合、どちらか一方の候補者の落選運動をすることは、もう一方の候補者の選挙運動とみなされるため、注意が必要です。

第8章

告示日直前と告示期間中の効果的な戦い方

本章のポイント

昨今の選挙の特徴を見てみると、国民の政治（政治家）に対する不信感から、既成政党を支持しない「無党派層」や「浮動票層」が急増しています。ですから、従前のようにA党とB党の公認・推薦・支持があるからとか、特定の有力団体の支援を得ているから「当選間違いなし」という選挙は少なくなっており、下馬評で最有力候補といえども落選し、無名の新人候補であっても当選するケースが頻繁に起こってきているのです。

特定の支持政党を持たない「無党派層」「浮動票層」が増えている今、一般の有権者は告示に入ってから、ようやく選挙への関心を示すのが実情です。公営掲示板が設置され、選挙カーが候補者の名前を連呼しながら街中を走り回って、ようやく選挙に関心を持つようになるのです。

ですから、選挙期間はこれまでの活動の集大成であり、最も重要な場であって、ここで手を抜いた人は負けてしまうのです。

本章では、「告示期間中」、つまり選挙戦本番でどのような戦い方をするのがより効果的かについて述べたいと思います。

◉「選挙運動」と「政治活動」

告示日に立候補の届出をしてから投票日の前日までが、いわゆる選挙運動期間で「告示期間」とも呼ばれています。しかし、実質的な選挙戦はすでに出馬を表明した時点から始まっているにもかかわらず、告示日が近づいてくると、朝夕の主要な駅頭には多くの候補者が立ち並び、ビラを配布するなど、自分をアピールしようと熱い戦いが行われています。法律的には、選挙カーが街を駆け巡り、候補者の名前が声高に連呼され、公営掲示板にポスターが掲示され、街頭でも様々な選挙関連のパフォーマンスが行われるこの「告示期間」こそが、選挙戦となるのです。

それでは、「選挙運動」と「政治活動」の違いは何でしょうか？ 政治上の目的をもって行われる一切の活動が「政治活動」といわれており、広義では「選挙運動」も「政治活動」の一部です。しかし、「公職選挙法」では「選挙運動」と「政治活動」を理論的に区別しているのです。

つまり、「選挙運動」とは、特定の選挙に、特定の候補者の当選を図ることを目的に投票行為を勧めることで、「政治活動」とは、政治上の目的をもって行われる一切の活動から、「選挙運動」にわたる行為を除いたものと考えればよいのです。簡単にいえば、選挙運動期間中だけが、選挙を特定化し、候補者を特定化し、投票を呼び掛けてもいいということなのです。

選挙期間中の戦い方は、選挙の種類によっても異なります。まず市町村議選や町村長選の場合、その活動の大半はまさに地上戦＝従来型ドブ板選挙で、有権者一人ひとりの支援固めや、個人演説会、そして選挙カーでの活動が大半となります。また選挙運動期間は五日間と短く、選挙はあっという間に終わってしまいます。ですから、従前から「選挙は告示日までには終わっている」といわれてきたのも納得です。

市長選挙ともなると、告示日以降は候補者個人の選挙運動に加え、「○○をよくする会」などという名称の確認団体による政治運動ができます。確認団体独自の選挙カーを持ち、ポスターの掲示やビラの配布ができる他、政談演説会と称する演説会も開催できます。確認団体のビラは枚数制限もなく、ポスティングも可能です。

これが政令指定都市の市長選、知事選、都道府県議選ともなると候補者の動き方も多様化してきます。有権者の数も増え、選挙区も広範囲になり、選挙期間も長くなり、個人演説会（ミニ集会）等の回数も飛躍的に増してきます（ただし、いわゆる動員型の従来型個人演説会の開催は近年大幅な減少傾向にあります）。

スケジュールの立て方

このように、選挙の種類等により、様々な行動パターンが考えられますが、ごく平均的な市議選の候補者の一日のスケジュールを見てみましょう。

【候補者のスケジュール例】

午前　六時　市場にてあいさつ
午前　七時　駅頭での朝立ち
午前　八時　選挙カーに乗って遊説開始
午前　九時　支援企業・団体等朝礼あいさつ
午前一一時　商店街の練り歩き（桃太郎（一一一ページ参照））
午後　一時　選挙事務所に戻り、昼食をとりながらスタッフと打ち合わせ

午後　一時三〇分　選挙カーに乗って遊説
午後　三時　支援者・有力支援団体ミニ集会
午後　四時三〇分　駅頭での夕立ち
午後　六時　個人演説会
午後　八時　遊説終了
午後　九時　選挙対策本部会議や打ち合わせに出席後、電話がけ
午後一〇時　駅や繁華街等人が少しでも集まるところでの個々面接
午後一一時　活動終了（帰宅）

これが都道府県議選や知事選ともなると、街宣活動、桃太郎、支援企業・団体回りの数が増えると同時に、マスコミからの取材も入ってきます。そのため候補者が選挙カーに乗っている時間が物理的に短くなるというパターンが一般的です。一方で、徹底した選挙カー重視（不特定多数の有権者とのふれあいに重点を置く）の手法も増えています。

●パフォーマンスの鉄則とは

候補者が街頭でパフォーマンスをする場合、自分のこれまでの経歴やイメージに基づいて行うことが鉄則です。学生時代にラグビーをやっていた人が選挙戦でラグビージャージを着るとか、サイクリングが好きな人が自転車に乗ってパフォーマンスをするのは問題ありません。しかし、過去の都知事選にあったように、普段銭湯にも行ったことがない人が庶民性を出すためのパフォーマンスとして銭湯に行くというのは有権者から見れば違和

感を覚え、効果があるどころか、票を失うことにつながることもあるのです。

◉選車（遊説）日程のつくり方と生かし方

【選車日程づくりのポイント】

選車日程については、政令市の市長選や知事選などの大規模な選挙になると選挙に手慣れたベテラン経験者が陣営に入り、選車日程を作成していきますが、それ以外は候補者本人や一部の支援者だけでつくる場合が多いようです。

自分たちだけで日程をつくるポイントは、第一に、トラブルのもとになるようなダブルブッキングは絶対に避けること、第二に（最初に強いと思われる票田を回るなど）地域ごとに優先順位をつけ、効率化を図ること、第三に（重点地域とそうでない地域を分けるといった作戦を立てるための）できれば選挙情勢調査（定量調査）の結果等の根拠に基づき戦略を構築した上で、人が出ていそうな場所を回ることです。

【選挙区地図のマッピング】

選挙区地図のつくり方について説明しましょう。

まず、選挙区の白地図を購入し、そこに以下のような印を順番につけていきます（マッピング）。そうすると優先順位もつけやすくなります。印は、まずは昼間人口の多い地域を赤枠で囲みます（駅前、大通りの交差点前、ショッピングセンターの前など）。次に夜間人口が多いところを緑の枠で囲みます（団地など）。さらに、投票日までに選挙区内で行われる各種イベント、お祭り等の日時と場所も書き込んでおきます。多くの人に出会うには、いつ、どこに行けばいいかがわかるからです。これは、「候補者のために人を動員する」のではなく、「人がいるところに候補者を出していく」という合理的な選挙キャンペーンの基本中の基本です。

また、他陣営の事務所もマークしておくと便利です。要は、その事務所のスタッフにとって、最も便利でわかりやすい方法を取るということが大切です。


【選車日程はオープンにすべき】


選車日程は、一昔前までは「極秘」が基本でした。その理由のひとつは妨害行為が考えられるからです。A候補の選車日程が事前に明らかになると、たとえば、午後六時にA候補が○○駅前で街頭演説をすることを知ったB候補陣営が、先に行って場所取りをしたり、「(A候補の街頭演説)急きょ五時に変更になった」などとうその情報を流したり、あるいは選車長（選車の責任者）に「六時の街頭演説は○○駅前ではなく、一駅隣の△△駅前に変更」などとかく乱工作をされる可能性も残念ながらあったからです。

また、A候補がベテランでB候補が新人の場合、B候補がA候補の日程を事前に知れば、A候補の日程はムダが少なく合理的だということがわかるはずです。そこで、B候補がそのまねをする。これはB候補の戦術を利することになるわけですから、選車日程を秘密にしておこうということになるわけです。また、A候補の一、二時間後をねらってB候補が回るという実例もあります。

しかし、場所取りの妨害についても余裕をもって早めに行って場所を確保したり、選車長への連絡についても合い言葉を決めたり、本部側の同じ人間が常に選車との連絡を行うようにルールを決めておけば、他人（不審者）が入るすきはありません。

個人演説会にしても、どうせ二日前には場所と時間を選挙管理委員会に伝えておかなくてはならず（公的施設を利用する場合）、動員もかけるわけですから、場所の確保さえ済んでしまえば、秘密にする必要などないのです。

そして、対抗馬が自分と同じように合理的な選車日程を組むからといって、必ずしもこちらが不利になるというわけでもありません。このように、妨害等については自衛手段を事前にしっかり取っておけば防げるわけですから、もはや選挙日程を秘密にしておく理由はないのです。

選挙期間中は、ネット上で随時、最新の日程を更新でき、集客が図れます。ツイッターやフェイスブックの場合はなおさら効果的といえるでしょう。一般の有権者がＡ候補の話が聞きたいと思ったとき、スマートフォン等でその情報を簡単に入手でき、さらには横への広がりも大いに期待できます。その結果、一人でも多くの有権者が街頭演説や個人演説会等に駆け付けてくれれば、候補者にとっても大きなプラスになるのです。

【選車日程づくりには戦略が必要】

勘だけに頼った遊説日程づくりをすると必ず地域的な偏りが出てきます。まずはしっかりとした戦略を立ててください。

たとえば、「強い地域は徹底して強くする」。これは支援者を元気づけます。次に「人の集まるところに候補者を出す（露出させる）」。そして、「なかなか行くことができない地域でも必ず一回は足を運ぶ」ということです。お金と同じで票には色がついていませんから、「票は取れるところから取る」というのが基本です。ですから土日ともなると、各陣営はこぞって大票田に選車を駆り出すのです。実は選挙の戦略上、この三点目が意外に重要な問題なのです。なかなか行くことができない地域、たとえば山間部などに行っても家が点在する程度で、非効率的に思うのです。

しかし、たった数軒とはいえ、その家の親戚や子どもたちが同じ選挙区の市街地に住んでいるケースもあり、「こんなところまで来てくれた候補者はAさんだけだ」などと喜ばれ、非常に親近感を持ってもらえることもあるのです。そして、その話が街に住む親類縁者に口コミで伝わり、あと一票につながることも多いのです。ですから、人口が少ないから非効率、だから行かないというのではなく、逆に、行きさえすれば票を取れる可能性が非常に高いということも忘れないでください。

「川下の票を効果的に取るためには、まず川上を押さえよ」というのが地上戦の鉄則です。川上は高齢者が多く、人口も少ない。しかし、親世代の声は、必ず川下の子どもや孫にも伝わるということです。選挙運動期間中に一度は選挙区内をくまなく回るということも忘れてはいけません。「立候補のあいさつ」と「投票の最後のお願い」に候補者が近くを回ったという状況証拠づくりは大切です。

ただし、相手陣営の牙城の地域にいきなり行っても意味がないかもしれません。むしろ相手を刺激するだけでマイナスということも考えられるからです。こうした点は戦略会議で十分検討すべきです。また、有力支援者や企業・団体回りを告示前に終わらせることにより、告示期間中は時間的な余裕が生まれてきます。その時間を非固定支持層へのアプローチ（露出）にあてることにより、選挙運動への広がりも期待できます。

演説の極意

【パターン化して暗記】

演説については、数パターンのショートスピーチをつくっておくべきです。次のようなつくり方があります。

一つ目は「対象別」です。若年層向け、女性向け、年配者向けといったように、聴衆の対象を分類し、それぞれの関心事に沿ったスピーチ原稿をつくるのです。

二つ目は「課題（イシュー）別」です。たとえば、地域経済、子育て・教育、医療・福祉、防犯・防災、環境など、選挙区内の多くの有権者が関心を抱いている課題別にスピーチ原稿をつくるのです。

三つ目は「演説場所・時間帯別」です。たとえば、駅頭の午前七時から九時の通勤の会社員向け、ショッピングセンターでの主婦向けといったようにつくるのです。

以上に共通することは、それぞれの話について一分、三分、五分というように、三種類の時間でスピーチできるようにしておくのです。そうすると、たとえば、「八分でお願いします」といわれたら、五分の話と三分の話を合体させればいいわけです。二〇分だったら五分の話を四つすればいいことになります。

話し方のテクニックとして付け加えるとすれば、「語尾を強調して、上げる」という話し方は、聴衆へのアピール度が高く、非常に重要なポイントです。

【演説の内容は「カラオケ一八番」で】

演説をする場合、普通は場所やターゲットが異なるため、演説の度に何か新しい情報を盛り込むという必要はあまりなく、場合によっては、いつ、どこに行っても、同じ話（自分にとって得意なイシューに関する話）となってもいいのです。

「いつも同じ話では……」などとちゅうちょされる方も多いのですが、演説のコツは、とにかく自分（候補者）の得意な話を繰り返し行い、有権者に自分の一番伝えたいメッセージを植え付けることなのです。私はそれを「カラオケ一八番」と呼んでいます。カラオケで何度も何度も同じ曲を繰り返し歌っていれば、そのうち、うまくなるものです。今、演説がうまいといわれる政治家も、そうした訓練を重ね、失敗を経験しながら成長し、自分の演説の「カラオケ一八番」を持っているのです。「カラオケ一八番」の演説なら、いつどこで話しても、それなりに聴衆をひきつけますし、演説のうまい候補者だという評価も得られます。

また、最初から演説のうまい政治家などいないのです。何度も何度もしっかりと練習したからこそ、演説がうまいといわれるようになったのです。そんな政治家は、アドリブで演説しているかのように見えても、実際には自分で用意した原稿を使って何度も練習を重ねて、本番に臨んでいるのです。中には俳優のように原稿を丸暗記しているような人も多いのです。

【演説の合間に「ありがとう」を挿入してみる】

オバマ大統領の演説術のひとつに、集会で演説する際、必ず「ありがとう！」という言葉を数回挿入したと言われています。また、オバマ氏本人は否定しているようですが、ケネディ氏の話法をふんだんに取り入れています。それはオバマ氏のスピーチライターの経歴を見ても一目瞭然です。

有名なところでは、「I」ではなく「We」（「私」ではなく「私たち」）。さらにオバマは膨大な調査結果を基に、「for next generation」ではなく「for our children and children's children」（「次世代のために」ではなく「私たちの子どもたち、そして孫たちのために！」）。そして「Yes, we can！」。演説の最後は「Let's begin！」（さあ、始めよう！）といった、「皆さん、ご一緒に」で締めくくるといいと主張する専門家もいました。

【集会での聴衆の惹きつけ方】

たとえば集会で何らかのフリップ等を持って話していると、注目される度合いが異なります（ただしフリップの活用はＴＰＯの見極めが重要）。

少し遠くからでも一目でわかるよう、フリップに視覚的なグラフ等（市政の現状をグラフ等で表現）を入れるわけです。また、たとえば聴衆の中で中学生を見つけたときは、目が合った後に、「君は○○中学の生徒さんかな？

私の話を聴いてくれてありがとう。選挙権がないことは残念だけど、一八歳になったらぜひ私に投票してね！」とか、車椅子の方を介助している方がいたら、「大変ですね。皆さんの様々な思いを、私は市政に反映させたい！」等、話の冒頭で聴衆を惹きつける手法もあります。

●「カラスボーイ」の活用

「ウグイス嬢」は選挙に欠かせない存在と思われていますが、制服スタイルでの最初の登場は一九六七年の東京都知事選で、美濃部亮吉氏の初挑戦の時といわれています。美濃部氏は当時六三歳という比較的年配の候補者だったにもかかわらず、ウグイス嬢はミニスカートにベレー帽姿でかわいかったため注目を集め、特に若い男性たちが選挙に関心を持ったのです。しかも、当時は朝八時から夜八時までの時間帯に外に出ているのは大半が男性でした。だからこそ、男性向けのウグイス嬢が威力を発揮したわけです。

しかし、最近はそうした常識が変わりつつあるのです。その一例が統一地方選挙で、二五歳から三一歳くらいまでの好感度の高い新人若手男性候補者が、ベテラン候補を押しのけて上位当選しているケースで、この傾向は地域や政党などは関係ありません。本来、市議選などの数千票で当落が決まる世界では、これまで地縁・血縁が力を発揮するとされてきましたから、経験豊富な現職候補が有利なはずです。ところが、最近、そうでもないようで、女性票の動向が当落を左右するようになってきているのです。

つまり、**近頃の女性は外に出ることが多くなり、昔とは逆の状況になっているのです。とすれば、これからはウグイス嬢より若い好感度の高い男性の運動員を前面に出した方がプラスになるはずだと考え、私が考え出したのが「カラスボーイ」です。「A候補をよろしくお願いしまーす！」と元気一杯に行動する若い男性の方が女性**

層（特にご年配層）に好印象を与え、なおかつ票も稼ぎ出すというわけです。

因みに選挙では昔から「カラス」という存在はありました（これはカラスボーイとは関係ありません）。暗くなると外から車の中がよく見えないため、候補者の年格好に似た男性にタスキをかけさせ、助手席に乗せて候補者の身代わりにしたのです。それを有権者は候補者本人と間違えたのです。そのように候補者に代わって助手席に乗る男性、またはウグイス嬢の代わりにマイクでしゃべる（中年）男性を「カラス」と呼んでいたのです。

私が初めて「カラスボーイ」を実際の選挙戦に登場させたのはある知事選です。この知事選で告示日前日に引き合わされたウグイス嬢の印象があまりにも悪く、そのとき、若手の市議が「私が代わりにやりましょうか?」と名乗り出たため、その場でやってもらったところ、とてもリズム感があり、楽しく、面白かったため、その場で彼とその仲間に「カラスボーイ」をお願いし、選挙戦でも話題となり、その効果が確認できたのです。

これからも「カラスボーイ」の登用は増えていくはずです。汗を流しながら候補者のチラシを持って走り回る「カラスボーイ」は今後も女性票を取り込んでいくことでしょう。

忘れてはならない候補者の健康管理

これまで、戦術的なポイントについて述べてきましたが、一番大切なのは候補者の健康管理です。これは意外に見落とされがちです。選挙運動期間中、候補者は夜も明けきらないうちに起きて朝市やラジオ体操などに出かけ、それから一日中、選挙カーに乗って選挙区内を駆け巡り、街頭演説や個人演説会をこなし、選挙事務所に戻って深夜まで打ち合わせや電話をし、それから寝るという毎日を過ごします。

日を追うごとに体力も気力も限界に近づいてくるのですが、そうしたときに、体力や気力を元に戻して「元気」

になることができるかどうかが、最も大事なポイントとなります。選挙中、元気な候補でいられるかどうかは必ずしも年齢や体力とは関係ありません。いわばうまく休む、息を抜くということが元気を維持するコツとして大事なのです。

結局、選挙運動には、その候補が政治家になってから体力面、気力面で通用するのかを健康面からチェックするという側面もあります。すなわち、選挙運動でダウンするような人は、政治家には向かないということなのです。

素人選挙で非常に怖いのは、「自分たちがボランティアで頑張っているのだから、候補者は一睡もしなくても当たり前だ」というようなボランティア上位意識の非常識がまかり通ることです。その非常識を押し通すと、必ず候補者は体を壊してしまいます。候補者を酷使するのではなく、健康に、元気よく活動できるように気を配ってあげることもスタッフや後援会幹部の本来の役割のひとつなのです。

【告示日直前のチェックポイント】

- □ 政治活動用看板は規定された枚数を、然るべき場所に設置していますか？
（＊ただし、選挙期間中の変更はできません。告示日前日までに確認しておいてください）
- □ 第一声の場所、告知、応援弁士の手配等は終わっていますか？
- □ 選挙事務所看板は目立つ場所に掲示していますか？
- □ 選挙運動用ポスターを告示日の午前中にはすべて掲示完了できるよう準備していますか？

□ 法定ビラや選挙運動用ハガキなど、選挙運動に関わる広報物の準備は終わっていますか？

□ 選挙運動用ハガキの回収や指定郵便局への持ち込み等の日程管理はできていますか？
（＊期日前投票が普及してきたため、最近は告示日翌日等、早い時期に届くよう投函する陣営も増えています）

□ 立候補届出書類に不備はありませんか？

□ （首長選挙の場合）確認団体の申請や、広報物、確認団体車の準備は整っていますか？

□ 選挙運動用自動車の当該警察への届出準備は整っていますか？

□ （新聞広告を出す場合）原稿は準備できていますか？　掲載日や掲載紙も決まりましたか？

□ おおまかな街宣日程はできていますか？

□ 個人演説会の準備は整っていますか？

□ スタッフ、選挙運動員・事務員、ボランティア等、人の確保と配置、役割分担はできていますか？

□ 選挙に携わる人々にコンプライアンスは徹底できていますか？

□ ネット対策（更新作業等）の準備はできていますか？

□ タスキの替えは用意していますか？

□ 期日前投票の呼び掛け体制は整っていますか？

□ 候補者本人による電話がけリストの準備はできていますか？

□ 選挙収支報告書作成のための準備はできていますか？

【告示期間中のチェックポイント】

□ 期日前投票の呼び掛けを徹底していますか？

□ 遊説日程は人が集まる場所・時間を意識して組んでいますか？

□ 個人演説会の開催にあたり、看板掲示等の準備は万全ですか？

□ 候補者本人用の「電話がけリスト」は用意していますか？

□ ネットの更新作業は相応の頻度で行っていますか？

□ 主な対抗馬との差別化・区別化は図っていますか？

□ コンプライアンスは徹底していますか？

□ 選挙運動員、スタッフ、ボランティアのチームワーク、意思の疎通はうまくいっていますか？

□ 候補者の健康管理は万全ですか？

□ 候補者が選挙事務所に戻った際など、スタッフ、ボランティア等に感謝の言葉をかけていますか？

第9章

街頭・駅頭・桃太郎・手振りの最新事情

本章のポイント

本章では、地上戦の中でもとりわけ重要といわれる一般有権者との接触を直接図るための戦術である「街頭活動」「駅頭活動」「桃太郎」「手振り」について、最近の傾向も交えながら説明していきたいと思います。

「選挙運動」を行う目的は、もちろん、候補者の政策や、人となり等を有権者にアピールし、「当選」を勝ち取るためですが、そのためには、繰り返し述べているように「知名度」と「認識度」を向上させなければなりません。「知名度」とは有権者に候補者の名前や顔を知ってもらうことであり、「認識度」とは有権者に候補者に関わるプラスのイメージを認識してもらうことです。現職の方は相応の「知名度」「認識度」がありますが、新人候補の場合、一番重要になるのが「知名度」の向上です。名前や顔を覚えてもらわないことには話になりません。

「辻立ち」は選挙の基本中の基本

「辻立ち」には、主に通勤客等が集まる主要駅頭で候補者がマイクを握って演説する「駅頭活動」（時間帯によって、「朝立ち」「夕立ち」と呼ばれています）と、大型ショッピングセンター前等の人の集まる場所で演説や手振りなどを行う「街頭活動」「手振り活動」があります。

こうした**「辻立ち」は、いわゆる「無党派層」「浮動票」「無関心層」といわれる、不特定多数の一般有権者との数少ない接点ともいえ、選挙前、選挙期間中を問わず、政治・選挙活動の基本中の基本であり、選挙の種別を問わず、ほぼすべての候補者が行う戦術です。**初めて「辻立ち」をするときは、恥ずかしさを感じるもので、それなりの勇気も必要ですが、慣れてくると平気でできるようになります。逆にいえば、「辻立ち」をいとうようでは当選はおぼつきません。

ただし、こうした活動をする前に、たとえば駅頭なら、「どの駅の、どの曜日のいつからいつまでが人通りが多く、あるいはどのような層（会社員／主婦／学生／ご年配者／他）が主に集まっているのか」といった事前調査をすることをお勧めします。なぜなら、同じ駅でも時間帯によって集まってくる人たちの顔ぶれ（層）が異なるからです。一般的に朝六時～八時は会社員、昼や夕方は主婦やご年配者、午後三～五時は学生、午後六時～八時は帰宅途中の会社員が多いといわれています。

「平時」から駅頭や街頭で熱心に活動している政治家（候補者）も増えてはいますが、やはり選挙が近づくにつれ、場所取りが必要になるぐらい候補者が立ち、あいさつをしたり、ビラを配ったり、握手をしたり、演説をしたりしています。「何十分も話しているのに、ほとんど振り向いてもくれない！」と嘆く候補者も多いのですが、実際、話の内容まで聴いている有権者は数少ないものの、話し方やしぐさなど、候補者の行動は案外しっかりとチェックしているのです。「あの候補者は早朝からよく駅前に立っている」とか、「感じがいい（悪い）」などと、ほんの数秒で、その人となり（「外見・好感力」）が評価されているのです。そして、投票所で投票用紙を前にしたときに、「そういえば、あの候補者はよく早朝から駅前で頑張っていた」などという、政策とは無関係な理由で、投票用紙にその候補者の名前を書いたりすることもあるわけです。その「感じがいい（悪い）」＝好感度・嫌悪度の判定は、〝テンセカンド〟ともいわれるぐらい、わずか数秒の第一印象で決まってしまう場合が多いのです。

つまり、演説の中身以上に、有権者に対し、少しでもいいから感動やインパクトを与えることが重要なのです。投票日までに「あの候補者は（駅頭や街頭で）いつも頑張っていたなあ」とか「あの人すごく感じがいい」といった「プラスの印象＝インパクト」を有権者の潜在意識に刷り込むことが重要なのです。できれば、繰り返し刷り込むこと。それが決め手となります。加えて、投票日当日に、投票所横の公営掲示板に掲示してある選挙ポスターを見て、投票先を決めた事例が少なからずあるため、選挙ポスターを含む制作物は、丁寧に作成する必要があるのです。

「驚き」と「感動」こそ「口コミ」で広がる

選挙で勝つためのキーワードは「驚き」「感動」、そして「口コミ」による〝熱伝導〟です。前述の「辻立ち」は、今ではどの候補者もやっていることで、有権者にとっては何の「驚き」も「感動」もありません。「今日もやってるな」程度にしか思われていないのです。そこで、私は誰もやっていない電車の始発や終電時の駅前での「辻立ち」を行うように勧めています。通勤時間帯の乗降客の多い駅前で行うことが「選挙活動の常識」ですが、始発電車が出る少し前から駅頭に立ち、たとえ人数が少なくても、その人たちに対し、元気よく「おはようございます。○○です。朝早くからご苦労様です。行ってらっしゃい！」と笑顔であいさつし、名刺を渡すのです。それを言われた人たちは、「えっ、こんな時間から活動しているのか」と驚き、それを何回か続けているうちに、「感動」に変わり、顔と名前ぐらいは覚えてもらえるようになるわけです。

また終電のときは、改札から出てきた乗客に対し、「お疲れ様です。○○です」とあいさつをするのです。ときには酔っ払いに絡まれることがあるかもしれませんが、「ご苦労さん」と声をかけてくれる人もいるでしょう。「あの人、終電のときも見たよ」と、その頑張る姿にシンパシーを感じ、自宅や職場で周囲の人に伝えてくれるに違いありません。

何度も続けているうちに、多少会話を交わすような人もでき、場合によっては強力な支援者になってもらえるかもしれません。そして、その人は「○○さんって知ってる？　いつも始発の時間から駅頭に立って頑張っているんだよ」と、候補者の話題を、家庭や隣近所、職場等で熱く語ってくれるかもしれません。

また、選挙期間中は朝の八時から夜の八時までしか「選挙運動＝街頭活動」を行ってはいけないと勘違いしている候補者・陣営がいまだに多いのですが、実際はその時間帯しか「選挙カー（マイク）を使った選挙活動」ができないだけのことです。朝八時前から、駅頭に立ったり、タスキをかけて市場や公園、ラジオ体操めぐりをしているにもかかわらず、夜八時を過ぎると、そうした〝屋外活動〟を大半の候補者はしていません。朝八時前や夜八時以降も「個々面接」といって、二四時間（投票日前日の二四時まで）、タスキをかけて繁華街等の街角に立つ（マイク使用は不可）のはＯＫですから、ぜひやってみてください。「こんな遅くまで選挙運動をやっているのか」と有権者に強い印象を与え、相応の効果は必ず得られるはずです。

「桃太郎」のポイント

「桃太郎」とは、主に選挙運動期間中に街頭演説用標旗を携行し、名前の入ったタスキをした候補者を先頭にウグイス嬢（カラスボーイ＝男性版ウグイス）や選挙運動員、ボランティアらが、商店街などの人通りの多い場所を握手しながら練り歩き、ポイントの場所で立ち止まって街頭演説を行うことです。童話の「桃太郎」のようにハチマキをし、ノボリを立てて練り歩いたところから、そう呼ばれるようになりました。

その際、街頭演説用標旗の他、候補者カラーのノボリ旗を持ち歩くことが多く、国政選挙、地方選挙共に候補者の知名度向上によく用いられる手法です（選挙期間中のノボリ旗は候補者のスローガン等が入っていると政治活動として規制されることがあるので、事前に当該選挙管理委員会のチェックを受けることをお勧めします）。

この「桃太郎」を行う場合の注意事項ですが、**まず公職選挙法上、歩きながらの演説はできません。必ず立ち止まって演説することです。次に、よく同じカラーのユニフォームを着た運動員が同行しますが、これも、あまり多くの運動員らしき人たちが候補者を取り囲むと、通行の邪魔にもなり、公職選挙法上の「威嚇」という禁止行為にも該当しかねません。**常に通行人や商売の邪魔にならないよう周囲に対する配慮と注意が必要です。道路一杯に広がって練り歩くのは、一般の有権者から見ても非常に不愉快なことで、選挙運動としては逆効果になるでしょう。常に周りの方々の利便を考えて行動してください。

選挙プロの中には「（昼や夕方の買い物で）混んでいるときに行け」とアドバイスする者もいます。しかし、そうした時間帯は、店にとって一番商売が忙しいときですし、主婦の方も早く買い物をして家に帰りたいと思っているわけですから、「選挙運動」をしても迷惑がられるだけと考えた方が無難です。

そこで、私がお勧めしているのは、午前一一時頃、あるいは二時から四時半くらいまでの、比較的お客さんが少ない時間帯です。その時間帯だと、商店の人たち（店主だけでなく、従業員やパート、アルバイトの人）も比較的、時間に余裕があるため握手や会話もできますし、「よろしく」とお願いしておけば、その後で店に来たお客さんに「今朝、○○候補がうちの店に来たよ」とか、「○○候補って、感じいいよ」といった話をしてくれることも大いに期待でき、桃太郎効果もそれなりに出てくるわけです。

「自転車遊説」のポイント

近頃、自転車に乗って街中を走り、遊説を行う候補者も増えてきました。ここで大切なことは同行する自転車の数は多くても二台以内にするということです。

これは公職選挙法上の「威嚇」に触れるという問題以上に、自転車が四台以上になると、たとえば四台で走っていて前の二台が黄色信号で道を渡った後、信号が赤に変わった場合でも後の自転車が前の自転車が追いつこうとついつい道を渡ってしまうことがあるからです。これは道路交通法違反でもあり、危険です。また、商店街を四台の自転車が連ねて走ると、商店街の人たちにとっては非常に邪魔になります。一番いいのは候補者が一人で自転車に乗ることですが、同行させる場合は二台、合計三台以内にした方がいいということです。

「手振り」は握手の次に有効

ここまで述べてきた地上戦の効果は、地域によってかなり温度差があります。たとえば「駅頭」とはいっても、地域によっては住民の暮らしの〝足〟が電車ではなく自動車のため、選挙区内に人が集まるような駅がなかったり、「桃太郎」を行おうとしても、いわゆる〝シャッター通り商店街〟のため人通りも少なく、「街頭活動」も動員でもしない限り、聴衆がいない、といった声も多く聞かれます。そのような地域では「手振り」が効果的です。今や、どんな地方に行っても、郊外型の大型ショッピングセンターやホームセンター等、人の集まる場所があります。平日なら夕方、土日祝日なら朝から晩までそれなりの交通量があることでしょう。

「手振り」は、そうした場所の交差点や道路脇に立ち、タスキをかけ、ノボリを立て、(場合によっては台の上から)、一台一台の車に向かって無言で手を振り続ける活動です。運転席や助手席にいる人の目を見て、アイコンタクトを使い、笑顔で手を振るのです。このアイコンタクトは握手の次に効果的な手法です。

こちらが手を振ったからといって、なかなか手を振り返してくれるものではありませんが、車内では「誰?」とか「ああ、今度の○○選挙の候補者か」とか、何かしらの話題にはなるはずです。その継続した活動があってこそ、投票所で「そういえば…」と有権者の脳裏にあなたの笑顔と名前が浮かんでくるのです。ぜひやってみてください。

演説下手・外見力マイナスの候補者はどうしたらいいのか

よく、陣営の幹部からこのような相談を受けることがあります。そこで、実際に私が携わった事例を紹介しましょう。

東北地方のある市長選での実話です。その候補者は、官僚出身で、お世辞にも「外見力」がいいとはいえず、演説もどちらかといえば長くてつまらなかったのです。そうした状況に業を煮やした陣営の幹部から依頼があり、私は途中から参加することになったのですが、選挙戦が始まったというのに、後援者の中には「話をさせると票が減るから有権者の前に出すな」という人も出始めたのです。

しかし、私は「有権者の前に出さない方がいいなら、最初から候補者として立てるべきではない。候補者にした以上、有権者の前に出すのは当然だ」と主張しましたが、「だって、今のままでは本当に票が減るんです」と反論される、そんな状況だったのです。実際に、街頭演説を聞きに行ってみると、なるほど、身内や動員した人以外、候補者の演説を聴いている人はほとんどおらず、関係者だけが聴衆という感じだったのです。さらには、その人たちでさえ、あまりの演説の下手さにうんざりし、演説中にもかかわらず一人二人と帰り出す始末です。

そこで、考えに考えた挙句、次の演説場所から街頭演説の司会者に候補者の紹介の仕方を変えてもらったのです。「ただ今から○○候補の街頭演説を行います。○○さんは郷土愛も人一倍あり、政策立案能力も人柄も抜群にいいのですが、演説が下手なんです。でも、これこそ東北人の持っている気質で、口先よりハートのある素晴らしい人です。皆さん、どうか最後まで我慢して聞いてください」と。

そして、候補者の演説が始まったのですが、聴衆はじっと聞いていて、途中で帰る人もいません。演説が終わると、聴衆のうちの何人かが司会者のところまできて、「下手じゃないよ。候補者の話は素晴らしかったよ、ダメだよ、そんな紹介の仕方じゃ、票が減るよ」という声さえ出たのです。候補者のことを「ボソボソとしゃべっていて、これまでの政治家の演説とは違うが、とても誠実そうな人だ」という好印象を大方の聴衆は持ってくれたのです。

これはあらかじめ**演説を聴く人たちの期待値を下げることにより、「期待値以上の演説」に満足させるという手法です。マイナス要素を逆手に取った手法（コンプレックス・カバー）のひとつなのですが、このケースでは候補者も演説を繰り返していくうちに〝予想以上の進化〟を遂げ、選挙戦終盤にはベテラン顔負けの演説となり、**

選挙戦も圧勝に終わったのです。

選挙演説というのは、場数を踏めば踏むほど急速にうまくなるものです。逆に、最初から演説がうまく、「外見力」にも優れていながら落選したケースも数限りなくあることも付け加えておきます。因みに演説の練習はカラオケボックスが最適です。

●生の候補者を見せなければ「浮動票」は動かない

選挙プランナーである私が候補者陣営から最も多く受ける質問のひとつが「無党派層・浮動票対策」です。「どうすれば、浮動票を取れますか」という問いに対して、私はこう答えます。「何よりも、少しでも多くの機会を捉えて、生の候補者を有権者に触れさせることです」と。

浮動票を取る人（マスコミ等に多く露出する有名人候補者は除く）というのは、実際に街頭や駅頭、商店街で多くの人々と接しているのです。すなわち、候補者の生の姿を有権者に見せることにほかなりません。多くの有権者と会い、握手し、会話を交わした候補者というのは強いのです。だから、「個々面接」が依然として重要な選挙戦術になっているのです。逆に、黒塗りの車で演説会場に行き、数分間演説しただけですぐに帰るような候補者は有権者に悪い印象を与えるのは当然でしょう。大きな会場で多くの来場者から万雷の拍手を受けたとしても、ちょっと顔を出しただけで帰ってしまうと、ほとんど票にはつながらないものです。こうした手法は、余程、固い組織票を持っている人以外、今では通用しません。

一般の有権者の中で、投票所に行く前から「この人に投票する」と決めている人は減ってきました。そういう有権者が投票所に行ったとき、掲示板の名前を見て、「ああ、この人は見たことがある」とか「握手したことがある」という候補者がいれば、その人に一票を投じる可能性は極めて高いのです。いわゆる「メディアミックス」または「サブリミナル効果」というものです。反対に、どんなに素晴らしいポスターが貼ってあっても、ビラを配られても、目立つ看板が選挙事務所や選挙カーに掲げてあっても、有権者は直接一度も本人の顔を見たことがないような候補者にはなかなか投票しないものです。

最近は、国政選挙はもちろんのこと、市長選や都道府県議選などでも、独自で「選挙情勢調査」（定量調査）を行う陣営が増えています。そうした中で、今、どんな地域の調査結果を見ても「支持政党なし」（＝無党派層・浮動票層といわれる）が半数近く（ときには半数以上）を占める状況となっており、組織票の力は年々弱まる傾向にあります。

調査結果の全体の数字を見て、勝っているとか、負けているとか一喜一憂する陣営が多いのですが、大切なことは全体の数字以上に、「支持政党なし」で、対抗馬とどの程度の数字の差が出ているかということです。「選挙情勢調査」は選挙前や選挙の序盤戦で行うことが一般的ですが、前述のように、「無党派層」「浮動票層」の中で事前に投票先を決めている人は少ないということから、たとえ全体でリードしていたとしても、その中の「支持政党なし」で相応の数字が出ていなければ、土壇場で〝逆転〟されることも十分あり得るのです（仮に「ご年配者層」は弱いが、「二〇代」「三〇代」では強いという場合は、投票率は全国的に「ご年配者層」の方が圧倒的に高いため、選挙の結果は厳しいものになりがちです）。

選挙は、最後の最後まで、俗にいう投票箱のふたが閉まるまで安心できないのです。ですから、「街頭活動」「駅頭活動」「桃太郎」「手振り」という地上戦の要の戦術を「平時」から駆使し、あなたのプラスのイメージを有権者の潜在意識に刷り込むことが重要なのです。

●コロナで変わった主な選挙戦術

二〇一一年三月の東日本大震災の際（物理的に市役所や投票所が津波や地震で大きな被害を受け、機能がマヒしたため）、臨時特例法を成立させ、東日本大震災の被災地を対象に目前に迫った四月の統一地方選を延期する措置がとられました。

しかし、世界的に猛威を奮った「新型コロナウイルス感染症」では、民主主義の根幹である選挙や国民投票は、感染拡大防止のため一部の国や地域で延期されたものの、アメリカ大統領選も予定通り行われるなど、欧米各国で大きな混乱はほとんどみられませんでした。

わが国も、コロナ禍でも予定通り各種選挙が実施され、投票率を見ても、コロナ禍の影響により投票率が大きな影響を受けたと思われるものはなく、選挙によっては投票率が大幅に上がったケースもありました。期日前投票も同様で、二〇二二年の参院選では、前回（二〇一九年）を約二五五万人上回る、一九六一万人もの有権者が期日前投票を行い、過去最高を更新するなど、選挙はコロナに負けていなかったのです。

とはいえ、選挙戦術は時代の流れと共に否応なしに変化してきた面もあります。基本中の基本である「握手」は「グータッチ」に、告示日の「出陣式」や「第一声」では動員はかけるものの全員マスクをし、一切声を出さないものとなり、選対会議も、リアル集合型からオンラインへと、地域や選挙の種別による温度差はあったとしても、変更を余儀なくされたものも数多くありました。

この「新型コロナウイルス感染症」が過去のものとなった時には、おそらく「握手」をはじめとする多くの戦術は元に戻るものと思われますが、個人演説会や決起大会等の、人の動員を要するイベントは減少する傾向で、オンラインによるリモート会議等は、新しいスタイルとしてこれからも採用されていくものと思います。

このように、ネットやSNSの重要性は増すばかりですが、これはコロナというより、社会のすべてがDX（デジタルトランスフォーメーション）の方向に向かっている一環と捉えていいと思います。

選挙の基本は「一人でも多くの有権者に会い、声に耳を傾け、握手する」こと。これはいつの時代も変わらぬ普遍的なものです。

第10章 有権者はいつ、何で投票先を決めるのか

本章のポイント

本章では、「有権者はいつ、何を基準にして投票先（候補者・政党）を決めるのか」について述べてみたいと思います。

一昔前まで、特に地方選では「告示日には勝敗は決まっている」といわれてきました。つまり、当選した翌日から次の選挙の告示日前日までの平時の政治活動が、本当の意味での " 選挙活動 " であり、その活動如何で勝敗が決する、という意味なのです。この基本は今も変わりません。新人候補で " 後出しジャンケンで勝つ " などということはまずあり得るはずもなく、一刻も早く決断し(出馬表明をし)、準備を進めることが基本中の基本です。

しかし、「有権者がいつ、どのタイミングで投票先を決めるのか」については、近年、「投票する直前に決める」という人が増えており、「事前活動」でどんなに頑張ってリードしていると思っても、「本番」で抜かれてしまうケースも続出しています。

本章では、有権者の決断の基準、タイミングについて述べてみます。

有権者はいつ、何を基準に候補者を決めるのか

「有権者はいつ、何を基準にして投票する候補者を決めるのか」を語るにあたり、まず最初に「何が基準になるのか」について説明したいと思います。

通常のマスコミが実施する調査での有権者の投票先決定基準の主な項目を列挙すれば、①候補者の属する政党で選ぶ、②候補者の政策で選ぶ、③候補者の人柄で選ぶ、④候補者の実績や経歴で選ぶ、⑤家族や知人のすすめで選ぶ、⑥その他―等が挙げられますが、この中の①の「候補者の属する政党で選ぶ」については後述するとして、それ以外の選択肢を概観すると、候補者の血縁者や友人・知人でもない限り、有権者がそう簡単に候補者を判断できる基準ではないように思われます。

そこで、これらの基準に合致するように、候補者サイドが仕掛けるのが、様々な「政治・選挙キャンペーン」なのです。通常、有権者はメディアミックス、つまり複数の媒体から情報を得て、候補者を決めるとされています。たとえば、これといった支持政党も、支持する候補者もいない会社員のA氏は、通勤で利用する最寄り駅の駅頭で、毎朝、B候補者の「朝立ち」に出会い、帰宅途中は街頭に掲示されているB候補の事前ポスターの前を通っているとします。また、毎日、駅に向かう途中に立てられているB氏の政治活動用看板の前を通っているものの、特別、意識したことはなく、時々郵便受けに入っているB氏の政治活動ビラについても、ひと目見ただけでゴミ箱へ捨ててしまっています。しかし、無意識のうちにB候補の名前と顔は潜在意識の中に刷り込まれているのです。このようなB氏に関連する複数の名前と顔の露出は、A氏の脳裏の片隅に残像として残り、一種のサブリミナル効果のような働きをするのです。

最後の決め手は投票日当日、投票所となる小学校横等に立てられているポスター掲示板で、他の候補者に対する特別な思い入れや印象がなければ、「そういえばBさん、よく見たな」ということで、「まあ、Bさんでいいかな」ということになるわけです。

ですから、いかに投票日（または投票する時間）までに、有権者にB候補の名前と顔、そして印象を残すかということが大切なのです。

なぜ〝後出しジャンケン〟が増えたのか

選挙戦とは、本来、候補者の「知名度」と「認識度」を向上させ、投票日に有権者に自分の名前を書いてもらい、当選し、自らが掲げた政策を実行することが目的です。したがって、余程の「有名人」は別として、新人候補にとっては何が何でも「知名度」を上げる、すなわち、自分の名前を一人でも多くの有権者に覚えてもらわなければならないのです。

そのためには相応な時間が必要で、後援会の立ち上げから入会・勧誘活動を中心とする政治活動を展開するための時間をつくるためには、立候補表明は早ければ早いほどいいのです。立候補表明を遅らせれば、そうした活動に費やす時間もなく、選挙戦本番を迎えることになり、名前と顔を覚えてもらうことすらできなくなる（時間切れとなる）可能性が高いのです。

しかし、そうしたこれまでの風潮、常識を覆したのが一九九九年の東京都知事選挙です。再選出馬が有力視されていた青島幸男知事（当時）が、任期切れの間際に不出馬を表明、自民党は、森喜朗幹事長の「公明党が同調しやすい候補を」の一声で、元国際連合事務次長の明石康氏を擁立。しかし、それに反発した東京一五区選出の衆議院議員の柿澤弘治氏（当時東京都連幹事長）は、衆議院議員を辞職して出馬を強行（自民党除名）、また、北海道知事選挙への出馬が取りざたされていたタレント（当時）の舛添要一氏も自民党東京都連の一部に推され、無党派での出馬を表明、さらには東京二区選出の衆議院議員で、民主党副代表だった鳩山邦夫氏が民主党を離党、議員辞職して出馬表明するなど、自民・保守分裂の選挙戦の様相を呈していたのです。

そうした中、告示日の直前になって、突如衆議院議員を辞職し、その後しばらく政界から遠ざかっていた石原慎太郎氏が出馬を表明し、保守陣営から石原、鳩山、舛添、明石、柿澤の五人が乱立する選挙戦となったのです。当時、それなりに知名度の高かった四氏ですが、「どんぐりの背比べ」ともいわれ、最後の最後に名乗りを上げた石原氏がマスコミの話題を独占し、二位以下にダブルスコアの差をつけ初当選を果たしたのです。これが〝後出しジャンケン〟の始まりとされています。それ以降、幾多の首長選挙（知事・市長選挙）で、この後出しジャンケンの二匹目のドジョウ狙いを含め、もてはやされるようになったのです。

石原氏ほどのネームバリューがないにもかかわらず、〝後出しジャンケン〟が有利とされる要因は、ひとつに、すでに立候補表明した候補者の研究ができ、そのための対策を立てた上で戦いに臨めること、二つ目はローカルマニフェスト（政策）等での対策も立てやすいといった点が挙げられますが、逆にデメリットとして、先に出馬表明した候補者に政党・会派や企業団体等の推薦を取られてしまうこと、二つ目は選挙準備期間が短くなってしまうため、先行する陣営に対しハンディキャップがあるといったことが挙げられます。

しかし、あくまでもこれらの〝後出しジャンケン〟は、特定の首長選挙に限ったもので、地方議員選挙においては決断したら、できる限り早く出馬表明する方がいいのです。ただし、現職の市議から、県議選、市長選へと転出を図る場合は、今の職の辞職のタイミングを十分考慮する必要があります。

◉有権者の選択には温度差がある

【地域による温度差】

同じ選挙区内でも、いわゆる先祖代々、その地域に住んでいる「旧住民」の地域と、近年、他の地域から新興住宅地などに転居してきた「新住民」の地域が混在していることがよくあります。

一概にはいえませんが、新人候補が立候補する場合、前述の引退する有力議員の後継者でもない限り、現職が活動する「旧住民地域」に食い込むことは至難の業です。同級生を頼ってみても、「うちは昔からAさんと決まっているから」とか、「Aさんには義理があるから」などと断られるのが普通でしょう。仮に集会がセットできたとしても、隣近所やA陣営の監視の眼があるため、表玄関から出入りすることに多くの人たちはちゅうちょするため、期待して会場に行ったら数人しかいなかったということも多々あるのです。もちろん、その現職議員の評判が極端に悪い場合はこの限りではありません。現職に対する反感や反発だけで、違う候補者を応援してやろうということで支持者が増えることもあるからです。これは国政選挙においても同じです。現職の地盤に新人候補が食い込みを図ろうとするときに、よく見られる光景ですが、文字通り、集会場所の裏口から出入りする人が多いのです。

近所付き合いの多い地域ほど食い込みを図るのは容易ではありません。しかし、「新住民」が多い地域の場合は、そんな心配もほとんどいりません。大半の住民がこの数年内に他の地域から転居してきた人が多いため、地域とのしがらみ、絆も比較的薄いからです。だいたい、隣近所にどんな人が住んでいるかもわからないケースが多いわけですから、それこそ表玄関から堂々と出入りできるわけです。村八分や嫌がらせなど起きようがありません。

しかし、この「新住民地域」も一〇年や二〇年経てば、様々なしがらみが生まれ、新しい勢力を受け入れようとしない「旧住民地域」となっていくのです。さらに、「旧住民地域」の有権者の多くは、自分なりの支持候補や支持政党を持ち、告示日前から投票する候補者・政党を決めている傾向があります。それに対し、「新住民地域」の有権者は支持政党を持たない、いわゆる「無党派層」が多く、候補者との縁やしがらみもほとんどないため、候補者が出揃った段階、すなわち、一般的には告示日以降、各候補者の選挙活動や掲示板ポスター、ホームページなどを見て（はじめてすべての候補者を比較できるため）、告示日以降に決める人が多くなるのです。

【様々なセグメンテーションによる温度差】

・性別による温度差

昔と異なり、今は性別による温度差はそれほどないものと思われます。比較的、「女性」は一度決めたら、他の候補者には移りにくいといわれています。反面、一度「あの人感じ悪い」となると、そのマイナスイメージをひっくり返すのは至難の業です。

・年代別

ご年配の方々は様々な縁やしがらみを持っている方も多く、比較的、早い段階から投票する候補者や政党を決めている人が多く、年齢が若くなればなるほど、その決定時期が限りなく投票日に近づいていく傾向が強いようです。

・職業別

昔ほど強い傾向ではありませんが、「農林水産業従事者」や「公務員」などは農協や自治労等、組織の推薦があるため、決定時期は早く、無党派層の多い「会社員」は遅い傾向があります。

有権者は投票する候補者・政党をいつ決めるのか

ここで、最近の投票傾向について見てみましょう。

明るい選挙推進協会の二〇一九年に行われた衆院選での統計資料を見ると、年代層によってその傾向が明確に分かれています。「一八歳～二九歳」で最も多いのは「選挙期間中」（三八・四％）、「三〇～四九歳」でも「選挙期間中」が最も多く（四一・五％）、他の年代層に比べ「選挙期間中決定型」が多いようです。

一方、「七〇歳以上」を見ると、「選挙期間に入る前から」が四一・九％、「選挙期間に入った時」が二五・五％と、「序盤戦決定型」が七割近くあり、「五〇～六九歳」はその両者の中間の傾向を持っています。

ここからわかることは、「若年層」の決定のタイミングは遅いということです。これは裏を返せば、「ご年配者」の人たちは、自分と縁のある候補者や、自分の思想・信条にかなう政党を以前から持っているため、その政党の公認や推薦候補を自分自身の支持候補として早目に決定していることが多いといえます。

また、投票した時間帯を年代別に見てみると、「午前中」が「七〇～七九歳」では七〇・九％、「八〇歳以上」でも七五・六％もあるのに対し、「一八歳～二九歳」は「午後六時から八時の間」が四六・二％となっていることは注目すべきことです。

年々強まる「政党重視」の傾向

同協会では、一九七二年以来、国政選挙の度に実施している意識調査で、有権者が自らの投票行動を決める際、「政党」と「候補者個人」どちらを重視して投票するのかについて、継続的に調査を行っています。

それによると、衆議院では、選挙制度の変化と共に大きく変化していることが読み取れます。つまり、「中選挙区制」の下で行われた一九九三年までの八回の総選挙については、多少のバラつきはあるものの、「政党重視」と「候補者重視」の割合がほぼ同じでした。しかし、「小選挙区比例代表並立制」となった一九九六年を境に「政党重視」が増え、二〇一七年は三二・〇％対四八・二％、二〇二一年では三四・四％対四六・七％と「政党重視」の傾向が続いています。

一方、参院選を見てみると、以前から圧倒的に「政党重視」が高かったのですが、二〇一六年は三一・六％対四八・三％、二〇一九年には三一・六％対四五・三％と、こちらも「政党重視」の傾向が強く出ています。参院選で「政党重視」が高い理由は、やはり選挙制度にあり、参院選の選挙区選挙は「一人区」が多く、同一政党から複数の候補者が立候補することがほとんどないこと、さらには選挙区が都道府県単位となり、広範にわたるため、候補者と有権者との距離感、接点が密になりにくいということもあると思われます。

昨今の状況を見ると、実に不思議な傾向があることに気がつきます。なぜなら、この五～一〇年ほどで、「支持する政党がある」という、いわゆる固定票といわれる人・層の割合は、従前の六～七割から四割代にまで激減し、特定の支持政党を持たない無党派層・浮動票といわれる人・層の割合が以前の三～四割代から六割前後にまで急増しているからです。「支持政党あり」が激減しているにもかかわらず、「政党重視」が増えているということは注目に値します。

一方で、減少傾向にある「候補者重視」の最近の傾向として、「(候補者の)外見で選ぶ」という人が顕著に増えているということです。つまり、「イケメン、美人、若い」といった外見的好感度を持った候補者が有権者から選ばれているということです。しかし、こうした傾向と決定時期とをリンクさせた検証は行われていないのが実情です。告示前に、朝の駅頭に立って活動していた若くて美人の候補者を見て、「いいな」と思って投票する会社員もいるでしょうし、投票日当日に、投票所近くの掲示板に貼ってある選挙ポスターを見て、若くてイケメンの候補者に投票する主婦やＯＬもいるでしょう。しかし、「ルックス重視」による投票行動も、近年、その傾向に歯止めがかかりつつあるようです。

「驚き」から「感動」へ。それが有権者の心を揺さぶるキーワード

選挙で勝つためのキーワードは「驚き」「感動」、そして「口コミ」による〝熱伝導〟だと紹介しましたが、人は感動を覚えたときに「この人を当選させたい、この人に投票しよう」と決めるケースが多いのです。

朝の駅頭での「辻立ち」は、今ではどの候補者もやっていることで、有権者にとっては何の「驚き」も「感動」もなく、印象にすら残っていないものです。ほとんどの候補者がやっていないときならともかく、今では、誰でも、どの地域でも行われていることだからです。候補者と有権者が接触する機会はそれほど多くありません。この「辻立ち」は非常に貴重な機会なのです。恒例化してしまった今、その機会をより有効に生かすためには、前述の「始発」「終電」時の「辻立ち」が、「誰もやっていない」「有権者に驚きを与える」戦術といえるのです。

そこで、たとえ人数が少なくても、元気よく「おはようございます。○○です。朝早くからご苦労様です。行ってらっしゃい！」と笑顔であいさつし、名刺を渡す。あるいは、「遅くまでご苦労様です。○○です」と改札から出てきた乗客に対しあいさつをするのです。

それを言われた人たちは驚き、顔と名前ぐらいは覚えてもらえるはずです。それを何回か続けているうちに「感動」に変わり、場合によって家族はもちろん、知人・友人などにも「口コミ」で伝えてくれるかもしれないので

す。その結果、投票台の前に立った有権者が、投票用紙に向かった瞬間、候補者リストからあなたの名前を確認し、あなたの名前を投票用紙に書いてくれるかもしれません。

この「感動」と有権者の投票行動との関連性を証明できる統計はありませんが、あまり早い段階で「感動」が起こってしまっても投票日までに忘れ去られてしまうこともあるので注意が必要です。

◉「政党重視」は「風」の影響を最も受けやすい

さて、「政党重視」の傾向が強くなると、選挙結果にどのような影響を及ぼすのでしょうか。まず「政党重視」と回答した人は、主に政党や党首に対する好感度や、政党の業績評価等の要因によって投票する政党・候補者を決める傾向があります。一方、「候補者重視」と答えた人は、その候補者の「知名度」や「認識度」、マスコミや議会等での露出度、さらにはその候補者が自分にとってプラスかマイナスか、近いか遠いかというような要因で有権者に判断されており、政党に対する評価とは異なり、政治情勢などの影響は比較的受けにくいといわれています。

したがって、「政党重視」の傾向が強くなると、その選挙戦のときの政局やマスコミの論調、世論等、いわゆる「風」の影響を多大に受けやすくなり、振り子が大きく振れるような選挙結果を生み出しやすいといえます。

これは、国政選挙のみならず地方選挙でも同様です。二〇一三年の東京都議会議員選挙での例のように、これから投票に行く有権者が、投票所の近くにある公営掲示板の前に立ち止まり、各候補者のポスターを見比べ、その時々で、追い風が吹いている政党の公認候補のポスターばかりに視線が注がれることは、まさに、はじめに「政党選択」ありきで、その後にその政党内の各公認候補のポスターの中で、「外見・好感力」による〝人気投票〟、つまり「候補者選択」が行われていた結果ともいえるわけです。

このように、政党の「風」といったものに左右されたり、日頃の有権者への貢献度がモノをいったり、様々な要因や属性等によって、投票行動を起こす理由や時期が異なります。

しかし、「有権者が投票する候補者をいつ決めるか」という動向を探ることより、有権者に自身への投票を決断させるような政治活動、選挙活動を日頃から行っていくことが一番大切なことのひとつだと思います。

期日前投票でのスマートフォンの威力

ご承知のように、今や「期日前投票」は有権者の間に広く普及し、実に三人に一人が「期日前投票」を利用する時代になりました。

「人に頼まれて」という人も増えているようですが、期日前投票所に行く前に、スマートフォンで候補者の情報を確認する人も多いようです。

そうした際、ホームページがなかったり、長い間更新を怠っていたり、あるいは検索した際、サジェストにマイナスのキーワードが出てきたりすると票を減らすことにもなりかねません。

したがって、ホームページ、SNS等は地方選だからといって決して手を抜くことなく、スマートフォンでの投票前の最後のチェックをクリアするよう、あらかじめ対策を講じておくことが重要です。

第11章

家族、スタッフ、ボランティアの役割と心得

本章のポイント

候補者が政治・選挙活動を行う上で大切なもの、それは候補者を支える家族（親族）、秘書・スタッフ、そしてボランティアの方々です。

選挙はまさに「闘い」。候補者、家族（親族）、秘書・スタッフ、そしてボランティアの皆さんが心を一つにし、勝利（当選）という同じベクトルに向かうチームワークが一番重要です。

一票でも多くの票を獲得し、候補者を当選に導くために、本章では、選挙戦における各々の役割と心得について紹介します。

ネット選挙で変わった選挙風景

古くは、一九九三年の総選挙で、当時「風」に乗っていた「新党さきがけ」の候補者が、何と公示日当日に立候補表明を行い、確か、選挙ポスターを貼る公営掲示板には「ただいまポスター制作中」というポスターを掲示し、当選した例もあります。

このような公示日当日に出馬表明というのは極端な例ですが、**必ずしも立候補表明（あるいは政党の公認・推薦・支持・支援発表）は早ければ早いほどいいというものでもありません。あまり早過ぎても新鮮味が失われ、同時に〝後出しジャンケン〟の候補者に政策から人物まで研究し尽くされ、手のうちを読まれ不利な戦いを強いられることも少なくないからです。**

もちろん、遅過ぎたらダメなことはいうまでもありません。所属政党に追い風が吹いているか、従来型選挙でいう、強固な「地盤・看板・鞄」が揃っている場合か、あるいは親族候補者の〝弔い合戦〟のような場合など、余程の条件が揃っていない限り、誰が見ても落選は目に見えているからです。なぜなら、候補者の「知名度」と「認識度」を上げるための必要最低限の戦術を行う時間が足りないからです。

少なくともこれまでの常識ではそうでした。しかし、「ネット選挙解禁」により、そうした事情も一変しつつあります。ネットによる選挙運動を上手に展開することができれば、告（公）示日直前の立候補表明でも当選する候補者が出てくる可能性だってあるのです。このように、時代の波と共に選挙キャンペーンの手法や効果も大きく変化しつつあるのです。

何らかの「風」「チャンス」があれば、活動期間の長短はあまり関係なく当選することもあるのが選挙というものなのです。

しかし、いくら「風」を頼りに選挙を戦うとはいえ程度というものがあります。そもそも、選挙はスポーツと共通する点が多いのです。そのひとつが『ルール』です。どれだけ運動神経がよくても、どれだけ一流の道具やウェアを揃えても、そのスポーツの『ルール』を知らなければ話になりません。選挙も同様で、候補者が出馬を決めた以上、「公職選挙法」や「政治資金規正法」の必要最低限の『ルール』を承知していなければ、投票日に違反者を出すことにもなりかねないのです。そして、ネットやSNSによる運動を行う際も、こうした『ルール』をしっかりと理解した上でなければなりません。

第2章で「選挙戦の第一歩は家族の絆から」と題し、候補者が立候補する場合のハードルや心構えなどについて述べましたが、今回は、その候補者の「政治活動」「選挙活動」を支える最も重要な戦力である「家族」「スタッフ」「ボランティア」に焦点をあて、選挙戦での心得を中心に論じてみましょう。

家族の役割と心得

候補者が「政治・選挙活動」を始めるにあたり、一番重要なもの、それは何といっても家族の『理解』であり『協力』です。それがクリアできなければ「政治・選挙活動」は成立しないといっても過言ではありません。その家族の中でも最も重要なのが「配偶者」です。選挙は見ず知らずの人たちに、投票所で名前を書いてもらわなければなりません。そのためには、候補者のみならず家族も常に近所や周囲に気を配り、下げたくもない頭を下げなければならないのです。

候補者の配偶者には、実に様々なタイプがありますが、大別すると「積極的に表に出ようとする人」と「全く表に出たくない人」の二つのタイプに分けられます。「積極的に表に出ようとする人」の場合は、候補者と役割分担をすることで、夫婦二人三脚の強みが発揮でき、比較的、活動もスムーズにいき、選挙基盤も次第に強固になっていく傾向があります。しかし、中には候補者を思うばかりに、候補者をしのぐような活動をする配偶者もよく見受けられます。「候補者より、あなたの方が政治家に向いているんじゃない？」などと支援者に言われる（皮肉）ことも珍しくありません。度が過ぎると支援者からひんしゅくを買うことになり、中には勘違いしてくる人も出てきて、そのうちに「選挙対策本部のあの人はダメ。他の人に替えて！」などと、人事やお金のことにまで口出しする人も出てくる始末です。こうなるとプラスどころか、選挙対策本部を混乱させ、まとまりのないものにし、その結果、票を逃がすことにもつながりかねません。詳しくは第２章「選挙戦の第一歩は家族の絆から」をご覧ください。

秘書・スタッフの役割と心得

秘書やスタッフも周囲からは候補者の「分身」として見られています。その良し悪しで、候補者のイメージはもちろん、活動自体が大きく左右されます。候補者は常に周囲から想像以上の様々なプレッシャーを受け、フラストレーションも募ります。同時に他の候補者の陣営と自分の陣営とを比較し、自分のウィークポイントが目につくものです。

候補者に降りかかる様々なプレッシャーをいかに軽減させ、その分を本来、候補者が気を遣うべきことに最大限集中してもらうかが秘書・スタッフが担うべき、最も重要な役割といえるでしょう。

そこで、候補者を支える秘書・スタッフに求められる〝必要条件〟を挙げてみましょう。

条件1 候補者を知り、心から好きになるよう努めること

選挙慣れしたスタッフに限って、候補者のこと（人物や政策等）にあまり関心を示さない人が多いものです。たとえばベテランのウグイス嬢などでも、告示日当日や前日に初めて選挙事務所に来て、候補者や選挙対策幹部と簡単にあいさつを交わした後、そのまま選挙戦に突入するというケースも珍しくありません。選挙戦の最前線に立つ選挙運動員が、候補者との面識もほとんどなく、候補者のことをほとんど知らない状況で、有権者に訴えかける。こんなことでいいはずはありません。宗教でいう伝道師が秘書・スタッフとするなら、まずは候補者のことについて熟知することが、秘書・スタッフの本来あるべき心掛けのひとつといえるでしょう。

条件2 候補者の持っている「熱源」の『伝道師』となるよう努めること

条件1と同様に、「候補者ってどんな人？」「候補者のどこが好き？」と人から聞かれ、即座に答えることができなければ浮動票を集めることなどできません。候補者の持つ熱い「熱源」を、自分なりの言葉で有権者に伝え、納得させることが重要なのです。そのためにも候補者は、伝えやすい「熱源」を持っていなければなりません。「熱源」の足りない候補者ならば、それを補強するのも選挙対策本部の役目といえます。

条件3 「秘密」と「時間」は絶対に守ること

政治・選挙の世界で「ここだけの話」はよくあることです。秘書・スタッフは候補者等の最もデリケートな情報に触れる機会も多いもの。しかし、誰から何を聞かれても「秘密を守る」「余計なことはしゃべらない」、そしてもちろん「時間厳守」が鉄則です。

条件4 「報告」「連絡」「相談」を常に心掛けること

「私は聞いていません」「言ったはず」「一言相談してくれればよかったのに」。よくある失敗談です。程度にもよりますが、選挙は「まあいいか」「後でいいや」が命取りになることを肝に銘じてください。選挙でのコミュニケーションは「常に報告・連絡・相談を心掛け、情報を共有すること」です。

条件5 「マナー」や「振る舞い」に気をつけると共に、「気配り」を忘れないこと

社会には最低限守るべき「マナー」や「ルール」があります。礼儀作法を勉強しろというわけではありませんが、常に明るく、元気で、気配りの利く秘書やスタッフがいる陣営は評判が良いものです。相手を思いやる心を少し持つだけでも好感度は上がるものです。

以上のことは、候補者に対する場合でも、選挙対策本部の内部でも、あるいは一般有権者と接するときでも、常に心掛けてもらいたいものです。特に激戦ともなると、気配りの余裕すらなくなってきます。それは仕方がないことですが、忙しいときこそ、明るく元気な応対は気持ちがいいものです。

ここで一般的にいわれている理想的な秘書像、側近像、選挙参謀像とは少し異なる見解を申し述べておきましょう。

それは、候補者を「裸の王様」にしないがために、「諫言こそ側近の大切な役目」と、候補者にとって、主に悪い評判等を包み隠さず候補者に伝えることを自分の役目と考えている人が多いことです。これは一見正しいように思われますが、選挙戦においては注意が必要です。「候補者を裸の王様にしない、させない」。これは確かに大切なことです。しかし、候補者が精神的にも肉体的にも疲労困ぱいの状態で、ようやく事務所に戻ってきてホッと一息ついたときに、「少しよろしいですか？　今日の集会での話、あれはマズイと思います。なぜなら……」と言われ始めたら、候補者にとって気の休まる場所がなくなってしまうのです。候補者は一歩外に出たら、七人の敵どころか、周囲からの視線と批判や苦言ばかりで気の休まる暇すらないのが普通なのです。

したがって、秘書やスタッフの皆さんには、候補者を「裸の王様」にしてはいけないと考える前に、心身共にリラックスできる事務所の環境・雰囲気づくりを心掛けていただきたいものです。一言いうときは候補者が元気になってからでお願いします。

また、選挙によっては、配偶者同様に、スタッフも冠婚葬祭等への代理出席の機会があるでしょう。そうしたときに、〝代理人〟として、その一挙手一投足に周囲（有権者）の視線が集まっていると考え、行動してください。

もうひとつ心掛けてほしいことがあります。それは「有権者満足度の向上」です。商業マーケティングにおいて、CS（カスタマー・サティスファクション）というキーワードがありますが、これは「顧客満足」という意味で、顧客の満足度をはかる指標または、顧客満足度をアップさせるための企業の活動のことを指すものです。

顧客は購入した商品やサービスに不満を持つと二度と購入することなく離れていく。反対に満足すれば継続的に購入し、口コミにより新しい顧客を創造してくれる。現在のように競争が激しく、需要が停滞しているときは、新規顧客を獲得するためのコストは莫大なものとなるのです。しかし、既存の顧客に満足感を与え、リピート購入してもらうための対応策を図るためのコストは新規顧客獲得に比べ少なく、結果として利益が上がるとされています。また、CSは簡単にまねができないため、ライバルとの差別化を図ることができ、同時に業績向上につながるというものなのです。

お客様に満足していただくことの大切さは、今に始まったことではなく、昔から商売の基本としていわれていることですが、選挙も同じです。いかにして他候補（他陣営）より、自分たちの候補者（自陣営）を素敵に見せるか、好感度を持ってもらうか、そして、選挙事務所や集会等の会場に来てくれた有権者に満足して帰ってもらうか。そうしたことの積み重ねが口コミで伝わり、ファンを増やすことにもなるのです。秘書やスタッフは、そのための環境づくりに十分気を配ると同時に、事務所全体で「有権者満足度の向上」をひとつの目標に掲げ、候補者はもちろん、ボランティアの方々とも一丸となって取り組んでいただきたいものです。

候補者の足りない点をカバーすることが秘書やスタッフの本来の仕事。くれぐれも秘書やスタッフの言動によって、候補者が集めた票を失うことがないように心掛けてください。

ボランティアの役割と心得

選挙中、「俺たちボランティアはタダでこれだけ働いているんだから、候補者はもっと働いて当然だ」ということを耳にすることがありますが、ボランティアの語源は「自らの喜び」。「やってあげる」「お金をもらう」「仕事上の関わりがあるから」という姿勢や理由で選挙に参加する人はボランティアとはいえません。

候補者を当選させたいという一心で、一人でも多くの票を獲得するために活動することがボランティアの基本。ボランティアの方々には、候補者がいかに孤独で、常に不安と戦っているかを考えていただきたいものです。参加する動機は何でも結構ですが、ボランティアとして選挙を手伝っていただく人には、ぜひ一人の「伝道師」となり、自分が候補者の『熱源』を一般有権者に伝えることで一票を稼ぐ気概を持ってもらいたいものです。

選挙事務所は実に様々な人たちの集合体です。昔からの気心知れた人たちだけではありません。そのため、人間関係や信頼関係も希薄で、確立できないままに選挙戦に突入することも多々あるのです。そうした中、「いざ選挙」となると、選挙事務所には実に多くの仕事や来客、電話など、「猫の手を借りたい」ほどの忙しさとなります。人間は忙しくなると周りが見えなくなり、人間関係もギスギスしたものになりがちです。しかしながら、選挙事務所は選挙の「総司令部」であり、「前線基地」。その中の雰囲気は、チームの士気にも影響し、有権者にもその雰囲気は自然と伝わるものなのです。

勝利をつかむためには、いかにして有権者を感動させ、一人でも多くの人の心をつかみ、一票を投じてもらうかが重要です。そのためには常に周囲に対して気を配り、アットホームな雰囲気づくりと共に戦うチームワークが要求されます。選挙は不思議な力を持っています。最初はケンカが絶えず、ギスギスした人間関係だったものが、日を追うごとに団結力が強まり、勝利した瞬間、皆、抱き合って涙を流し喜ぶ。選挙はそんな魅力を持った一種のお祭りといえるでしょう。

候補者、家族（親族）、秘書・スタッフ、そしてそれを応援するボランティアの方々の心がひとつになった陣営にこそ、勝利の女神が微笑むに違いありません。

家族、スタッフ、ボランティアの健康管理

支援者から「関係者を集めておくから、朝五時に○○市場に来てほしい」とか、「夜一〇時の△△会合に顔を出してほしい」という依頼があると、どんなに疲れていても候補者はその通り動くものです。また、選挙期間中は殺人的なスケジュールに加え、様々なプレッシャーが加わります。新人ならなおさらです。しかし、朝早くから夜遅くまでスケジュール通りに動き続ければ、どんな頑丈な体でも持ちません。とはいえ、候補者に万一のことがあっては大変と、候補者に対しては多少の配慮は期待できますが、家族やスタッフ、ボランティアへ気を配ってくれることはまずありません。

支援者の要望や期待に応えることは大切ですが、家族はもとより、スタッフ、ボランティア共々どこかで息抜きをしなければ倒れかねません。たとえ短い期間とはいえ、陣営に迷惑をかけないためにも、水分補給、トイレ、

食事、睡眠等の管理は自分自身で管理するしかないのです。

第12章

知事選や国政選挙はここが違う

本章のポイント

これまでは主に地方選挙、すなわち都道府県議会議員や市区町村議会議員、市区町村長をめざす方々を対象に、具体的な事例を交えながら今どきの選挙戦術について述べてきました。

本章では、いわゆる「地上戦」以上に「空中戦」がモノをいう都道府県知事選挙（一部、政令指定都市の市長選挙も含む）や国政選挙との違いについて述べてみます。

ただし、選挙の大小にかかわらず、知事選挙や国政選挙の「空中戦」で「これは使えそうだ」というものはどんどん取り入れてください。反対に、知事選挙や国政選挙でも「空中戦」ばかりに頼っていては勝負にならないことも少なくありません。

どんな選挙でも、「地上戦」が選挙の基本中の基本だからです。

地方議員選挙と都道府県知事選挙は何が違うのか

まずは、一般的な地方議員選挙（市区町村議会議員選挙、都道府県議会議員選挙）と都道府県知事選挙との大きな違いについて述べてみます。

そのひとつは、選挙広報物の種類・規格・数量制限等の他に、都道府県知事選挙では「確認団体制度」があります。「確認団体制度」とは、公職選挙法に定められた所定の要件を満たすことにより、選挙運動期間中に特定の政治活動を行うことを認められた、政党その他の政治団体のことで、「確認団体制度」の対象となっているのは参議院議員選挙、都道府県議会議員選挙、政令指定都市議会議員選挙、都道府県知事選挙、市区長選挙の五つです。ただし、一般的には都道府県知事選挙や比較的規模の大きい市長選挙などで活用されているのが実情です。

さらに、もうひとつは、地方議員選挙はひとつの選挙区から複数の当選者が出るケースが多いのですが、都道府県知事選挙では当選者が一人しかいないということです。当たり前のようですが、一人しか当選しない選挙と、二人以上当選する選挙とでは、根本的に戦略・戦術が変わってきます。

都道府県知事選挙の立候補者に圧倒的に無所属が多いのもその違いからくるひとつの現象です。わが国は「議院内閣制」ですから、国会はもとより、地方議会も多数決によって議会での採決が行われます。当然、その議会での多数派工作の基礎となるのが、議員の集まり＝会派・政党となるわけです。

地方議会での政党・会派の大半は、中央政党の、いわば「支店」のようなものです。最近では勢いのある地域政党など、一部の例外もありますが、そうした例はまだまだ少なく、例外中の例外といえるでしょう。一方で、同じ政党内でも、地域によっては分裂状態であったり、複数の会派に分かれている場合もあります。分裂の原因の多くは議長選出や首長選挙での〝しこり〟からくるものです。地方議員の中には無所属で立候補され、見事当選されるケースもたくさんあるわけですが、当選後、無所属のままでは議会活動や陳情などをスムーズに行うことができにくく、その人が選挙で訴えてきた政策の実現も非常に難しいものとなります。そこで、どこかの政党・会派に所属するようになるわけです。

因みに国政選挙では、無所属で立候補した場合、政党公認の候補者と比べて、大きなハンディキャップを負うことになります。一例を挙げると、衆議院の場合、政党要件を満たした政党の公認候補者でなければ「政見放送」もできず、選挙期間中の政党ポスターすら掲示できないのです。わが国の公職選挙法は〝機会均等の精神〟に則ってつくられているはずですが、この政党所属候補と無所属候補とのハンディキャップだけは、この精神から大きく逸脱しているといえるでしょう。

さて、地方議員選挙に話を戻しましょう。前述のように議会ではその大半の議員が、どこかの政党・会派に属しています。したがって、有権者は選挙の際に、その候補者との人間的なつながりの強弱はもちろんですが、最近では、政策や政党・会派で投票する候補者を選ぶ人も増えているのです。

しかし、知事選挙となると話は違ってきます。候補者が立候補を表明する前日まで、どこかの政党に属していても、立候補表明の直前にその政党を離党して無所属の候補者として出馬（政党は推薦・支持・支援等）するケースが大半です。特定政党の支援だけでマジョリティの支持が得られるとは限らないからです。立候補当初から特定の政党に属することは、それ以外の政党を排除することにもなるわけです。都道府県知事の場合、特定政党・会派に属していれば、基本的にその政党が与党で、他の政党・会派は野党となってしまいます。すなわち、〝政党色〟を前面に出すことは、その政党を支持していない人を敵に回してしまうことにもなるのです。仮に当選できたとしても、その後の議会運営に支障が出てくるかもしれません。特に与党が過半数を占めていない場合は議会運営が滞ってしまい、「決められない政治」となってしまいます。また、選挙の際も、味方から一人の敵をつくれば、その敵が他の有力対抗馬に流れると、自陣営から票が一票減り、ライバル候補に一票入るため、その差は二票ということになります。**まずは、自らの〝政党色〟を薄め、無色透明な存在となってスタートを切ることが知事選に臨む際の第一歩といえます。**事実、全国四七都道府県の現職知事に、中央政党公認の知事は一人もいません。知事選は無所属が基本なのです。

それでは、その無所属の都道府県知事候補に対する政党の支援はどうなるのでしょうか？　政党による候補者支援の度合いは政党によっても異なりますが、重い方から順に、「公認」「推薦」「支持」「支援」となります。知事選の場合、政党による「公認」はまずありませんから、二番目の「推薦」になるのが一般的です。しかし、ここにもひとつの課題があるのです。

「無所属」を徹底して強調したいのであれば、政党からの「推薦」は一切受けないという選択肢もあります。あくまでも一般論ですが（地方のマスコミによって温度差があるため）、政党からの「推薦」を受けると、新聞やテレビ等の報道で、「無所属・○○党推薦」と報道されるわけです。それが「支持」や「支援」だと、（勝手連と見なされ）「無所属」とだけしか報道されないのです。そこで、第一の関門は、政党の「推薦」「支持」「支援」のどれを希望するのか、受けるのかを慎重に選ぶことが必要です。

第二の関門は、選挙対策本部のトップを誰にするか、ということです。知事選といえば、これまでは地方議員の大物や、地元経済界の重鎮などが多かったのです。地方議員の大物を起用する主な理由は、知事選挙を戦うための集票マシンとなるのはその党所属の地方議員や支援団体が中心のため、それらを上手にコントロールするためには地元政界のボス的存在の人物が一番適任だからです。しかし、今日、そうした状況は一変しています。地域によって温度差もあるため、一概にはいえませんが、ひとつには従前に比べ組織自体の動き、力が鈍くなってきたこと。もうひとつは、特に人口が集中している都市部においては、「無党派層」「浮動票層」が増えてきており、この層の人たちを取り込まなければ選挙に勝てなくなってきたことがあります。従前のやり方では地方・郡部の票はまとめられても、都市部の票をつかむことは難しくなってきたのです。

一方、地元経済界の重鎮の場合、これまでは、どれだけ資金を集められるか、人を動かせるかといった、「票」と「人」を動かせる人がその任にふさわしいとされてきました。しかし、今や、日本全国どこを見渡しても、そのような経済人は少なくなってきているのと同時に、そうした人がリスクを背負ってまで、選挙対策本部長をやりたがらない風潮になってきたのです。そこで、そうした時代の変遷に合わせ、人口の多い都市部で票を稼ぐための選挙対策本部の新たな顔が必要となってきたのです。その顔こそが確認団体の代表者なのです。

◉「確認団体制度」の徹底活用

「確認団体制度」について、もう少し詳しく説明しましょう。「確認団体制度」が認められている選挙では、候補者の後援会の他に、「○○県政を刷新する会」などといった政治団体（告示日に確認団体として届出することで選挙期間中でも政治活動を行うことが可能）を設立することができます。しかし、あまり注目されていませんが、この「確認団体制度」はその使い方次第で、選挙情勢を大きく変える場合もあるのです。衆院選で無所属の候補者は政見放送等でハンディキャップを負っていると前述しましたが、この「確認団体制度」を使いこなせるのと、使いこなせないとでは、取り返しがつかないぐらいの大きな差が生じてきます。

告示期間中でも候補者の選挙運動用自動車以外に、確認団体の宣伝カーとしてもう一台自動車の使用が認められている他、印刷物でも候補者が作成し、掲示・頒布できるものの他に、確認団体独自のビラやポスター、新聞広告が可能です。特にビラについては候補者の法定ビラ（ローカルマニフェスト）と異なり、枚数制限はもとより大きさの規定もなく、また頒布方法としてポスティングもＯＫなのです（候補者法定ビラはポスティング不可）。

このポスティングは有権者への「知名度」「認識度」を向上させる手段として侮ることはできません。ネット選挙時代になっても、全戸ポスティングはメルマガや新聞折込みよりも有効と確信します。メルマガは配信先が限定され、なおかつそのほとんどが受信後、すぐに削除され、仮に開いても読んでもらえる確率は非常に低いといわれています。新聞折込みも、確実に各家庭に配布されるというメリットはあるものの、他のビラ・チラシと共にそのままゴミ箱に捨てられる確率が高く、とても多くの有権者の目に触れる効果があるとは思えません。しかし、ポスティングは別です。今ではオートロックのマンションも増え、ポスティングお断りの住居も増えていますが、ポストからゴミ箱に入れるまでに、最低限、誰のビラか見てもらえて、その際、ひと目で興味が湧くようなデザインやメッセージでもあれば、間違いなく有権者の脳裏に焼きつけることが期待できるのです。ポスティングは有権者に対する最も効果的なメッセージ伝達のための頒布方法と考えていいでしょう。

このように、確認団体の広報物も、選挙では補足的ながらも重要なツールとなるわけですが、その代表者を誰にするかも重要です。後援会長、選挙対策本部長、そして確認団体代表、私はこれら三役の中で、選挙戦で最も重要なポストが確認団体代表だと考えています。

その理由は、候補者の後援会長といったイメージとは異なり、その自治体を良くしたいという人たちの集団の代表者であり、多少なりとも客観的な立場にある団体の代表者という、イメージ上のプラス面があると確信するからです。そうしたポストに有権者受けしそうな方を据えれば、候補者のイメージアップにつながることは間違いないでしょう。地元成長企業の経営者や有力な大学教授、地元出身の著名な文化人等が就任するケースが最近は目立ってきています。

こうして、〝政党色〟を払拭した無所属候補の支援体制ができるわけです。選挙戦にあたり、マスコミに掲載される陣営のコメントでも、選挙対策本部長より、確認団体代表者に前面に出てもらった方が、「無党派層」や「浮動票」受けも狙うことが期待できます。

このように、特に知事選挙では、できる限り〝政党色〟を抑え、都道府県民全体で候補者を支えていく姿勢をビジュアルに見せていくことが大切だと考えます。

「定数一」の国政選挙

国政選挙については、やや乱暴な分け方ですが、ここでは二つに大別して述べたいと思います。衆議院議員選挙と参議院議員選挙の選挙区候補の一人区を「定数一」という視点で同一と見なし、比例区や定数二以上の選挙区を「複数定数」と見なして話を進めます。

いわゆる「定数一」の選挙では、知事選挙と同様、マジョリティを獲得しなければ当選できません。知事選と異なるのは政党公認か無所属かといった種別で、国政選挙の場合は政党公認がその大半を占めています。したがって、国政選挙の場合は知事選のような候補者個人の力量や人気、知名度、メッセージ以上に、政党の「風」に左右されがちです。その所属政党に「追い風」が吹いているのか、それとも「逆風」が吹いているのかによって、戦い方も大きく違ってくるのです。

特に政策については、衆院選が「政権選択選挙」といわれるように政党のマニフェストが中心となるため、一般的に知事選のように個々の候補者同士の政策の争いにはなりえません。

「追い風」が吹いている場合の選挙戦

この場合は、余程のミスを犯さない限り、当選の確率は極めて高いものとなります。しかし、そうした場合でも慢心・油断は大敵。いかなるときも手を抜かず、思い上がらず、どんな些細なことでも全力で対応することです。特にネガティブ・キャンペーンに対しては即座に的確な対応をとることが求められます。

「逆風」が吹いている場合の選挙戦

こうしたときは、台風・嵐が過ぎ去るのをじっと我慢して待っているのが一番です。しかし、現実はそうもいきません。また、一陣営だけでどうにかなるものでもありません。

〝多勢に無勢〞以上に、「逆風」の場合は、何をやっても票に結びつくような効果は期待できないものです。どんなに一生懸命に街頭演説しても誰も振り向いてもくれず、どんなに心を込めて広報物をつくっても、所属政党が見えた段階でビラを受け取ってさえくれないものなのです。

「追い風」のときは政党名やロゴを大きくしたり、「逆風」のときは反対に小さくしたり、全く出さないなど、涙ぐましい工夫をしているケースが多いようです。笑い話のようですが、そうしたちょっとした工夫で当落が左右されることがあるのが選挙なのです。

しかし、それ以上にこうしたときは、やはり日頃からの活動がモノをいってくるのです。選挙が近づいてきたから活動を始めるというのではなく、いつ、いかなるときでも、足で歩いて有権者と密に接している候補者は、こうしたときでも比較的強いものです。「あの政党はダメ！　でもあの人は別」と有権者に思ってもらえたら、しめたものです。

「複数定数」の国政選挙

これは参議院議員選挙の定数二以上の選挙区選挙や比例代表が該当します。参院選の選挙区は「一人区」から「六人区」まで、その都道府県の有権者数によって定数が定められています。「二人区」以上の選挙区は、文字通り、一選挙区から複数の当選者が出るわけですから、選挙戦も必ずしもマジョリティをねらう、獲得する必要はありません。

あえていえば、たとえば「二人区」の場合は、有権者の半数以上を確実に取ればいいわけです。極端な例では、男性全員を敵に回したとしても、女性全員を味方につけることができれば、その人は当選できるという理屈も成り立つのです。東京選挙区のように「六人区」となると、同一政党から公認候補が二名擁立されることもあります。そうなると、本当の敵は他政党の候補者ではなく、同じ政党の候補者になることもあります。こうした場合、政党本部や都道府県連等が組織票をうまく配分する（票割り）ケースもあるようですが、実際の線引きはなかなか難しいようです。そこで、「政党の看板」、プラス「候補者個人の魅力」が必要となってくるのです。

比例代表の選挙

次に比例代表について説明しましょう。最近、衆議院の小選挙区で敗れた人たちが、参議院の比例代表区に回って当選するケースも増えてきています。その理由のひとつとして、政党の組織内候補といえども、従前のような集票が期待できなくなっていることもあるようです。そこで、衆院選で敗れたとはいえ、数万票も獲得した実績と、相応の知名度があるわけですから、(政党により当落ラインは大きく異なるものの)その基礎票を基に、当選圏入りをねらうことも、数字上では可能となってくるわけです。

しかし、その基礎票は候補者によって大きく異なります。衆院選で獲得した選挙区での票を、それなりに出せる人と、選挙区から見放され、全く票を出せない人に分かれます。仮に選挙区での票が見込めない場合でも、全国的な票を持つ支援団体等からの支援をうまく取り付けることができれば、当選の可能性は大きくなります。また、選挙区と異なり、マジョリティ獲得をめざす必要もないため、ターゲットも、ある特定の層からの強力な支援が期待できれば、他の層からは全く無視、もしくは反発を持たれても当選圏内に入ることが可能になるわけです。

こうした選挙で一番大切なことは、「浮動票をねらう前に、ここだけは確実に固められる層」というものをどれだけ基礎票として持てるかということです。それが一定数以上見込めるのであれば、十分挑戦できるでしょう。もちろん、「ドント方式」により政党別に獲得議席が割り当てられるため、その政党内での当落ラインの上下動も十分考慮しておかなければなりません。

因みに二〇二二年の参院選(比例代表)での主要政党の当選ラインは、自民党が一一万八七一〇票、公明党は二六万八四〇三票、立憲民主党は一一万一七〇三票、日本維新の会が三万三五五三票、日本共産党が三万五三九二票、国民民主党が二一万一七八三票といったように、政党により当選ラインも大きく異なります。

古今東西変わらないものとは

地方議員選挙の基本中の基本は「地上戦」ですが、知事選挙や国政選挙では「地上戦」だけでは勝てないため、「空中戦」が必要なことはこれまで何度か述べてきました。**「空中戦」の基本は何か？　実は「口コミ」による伝達、これが一番効果的なのです。ネット選挙時代も同様です。ネット上での「口コミ」「拡散」がこれからの選挙の勝敗を左右する鍵を握っているといっても過言ではありません。**

選挙の基本は、一人でも多くの有権者に直接会い、話し、握手することですが、どんなに頑張ってもそうした直接的アプローチには限界があります。そこで、直接的アプローチができない人々に向けて、ポスターやビラ、ネット戦略などの「空中戦」のツールが、選挙キャンペーンでは不可欠となってくるのです。

「決して手を抜かないこと」。これが負けないコツ、つまり勝利を勝ち取るための基本です。私は、街頭活動から選挙キャンペーングッズ（ツール）ひとつに至るまで、絶対に対抗馬に負けない企画と制作物で候補者をＰＲすることを常に心掛けています。すなわち、一つひとつの戦いで負けなければ、結果として判定勝ち＝勝利につながるものと確信しているからです。

もうひとつ大切なことは、候補者として「（当選したら）これだけは絶対にやりたい！」という熱い思いを持つこと、さらには事実に基づいたエピソードで「○○候補のこんなところが好き！」「こんなところがスゴイ！」「だから当選させたい！」という熱い思いを支援者に伝えていくことです。それを「口コミ」で広げていく（熱伝導）ことができれば「無党派層」「浮動票層」といわれる投票先の決まっていない層の無関心を関心に変え、票を自分票にしていくことができるのです。選挙にあたり、現職は「政党の風に左右されない（されにくい）基礎体力をいかにして養っておくか」、そして新人は「そうした風をうまく活用し、基礎体力の乏しさをいかにして補っていくか」が勝敗を決する鍵となります。わずか数票差で、悔いが残るような悔しい思いをしないためにも、候補者個人の力＝「個人力」をいかに育て、発信していくことができるかが重要です。

同時に、勝つためには組織票以外の票、すなわち、年々増加する「支持政党を持たない層」≒「無党派層」＆「浮動票」を対抗馬より一票でも多く取り込まなければなりません。それには〝情〟がすべてです。ポスターやビラ、ホームページやＳＮＳ等に掲載する写真ひとつをとっても、〝情のあふれる笑顔〟に勝るものはありません。そして、候補者が直接有権者に会い、握手し、言葉を交わすことが何よりも大切です。地方選挙、都道府県知事選挙、国政選挙を問わず、すべての選挙戦に通じることです。

第13章 ネット選挙最新事情

本章のポイント

2013年の参院選は、従来型戦術にネット戦術が加わった初の国政選挙ということで注目されましたが、政党や候補者にとっては手間暇やコストがかかった割には効果が見えなかった選挙といっても過言ではないでしょう。また、有権者にとっても、マスコミを含め、あれだけ話題となった割には全く盛り上がりに欠け、まさに肩透かしをくったような選挙戦だったと思われます。そして、初の大型地方選挙となった、翌2014年2月の東京都知事選挙、さらに同年12月の衆議院総選挙、2016年7月の参議院選挙をはじめ、以降も各選挙において様々なネット選挙が展開されています。特に2022年7月の参議院選挙はネット選挙で議席を獲得したといっても過言ではない小政党の躍進が目立った選挙といえるでしょう。

地方選挙の場合、「ネットで一票を稼ぐ」というより、「ネットを無視することで一票を失わない」ということに重点を置いた選挙戦略・戦術の方が現状においては有効と思われます。ネット選挙もあくまでも様々なツールのひとつなのです。

ネット選挙始動

二〇一二年の総選挙から候補者の経歴や公約を載せた選挙公報が各都道府県の選挙管理委員会のウェブサイト上で見ることができるようになりました。国政選挙の選挙公報は公職選挙法で都道府県選挙管理委員会に発行が義務づけられていましたが、これまで総務省はウェブサイトへの掲載については、改ざんの恐れがあるとして認めてこなかったのです。

しかし、前年に起こった東日本大震災で被災した岩手、宮城、福島では、多くの有権者が他県に避難している状況にあり、そうした方々への情報提供手段として三県の選挙管理委員会が知事選や県議選の選挙公報のウェブサイトへの掲載を要望し、総務省が特例として認めたのです。課題だったセキュリティ対策も講じられたため、実施に踏み切ることになったということです。

これは「ネット選挙解禁」に向けた直接的な動きというわけではありませんが、大震災という災害が生んだ対応策の一環とはいえ、有権者が見たいときに見られることは便利なことに変わりはなく、わが国の公職選挙法が少しずつ前向きに動き始めた象徴的な出来事のひとつだったといえます。

二〇一三年参院選から学ぶネット選挙への対応

ネット選挙解禁後、初の国政選挙が二〇一三年七月二一日執行の参議院議員選挙。そして、初の大型地方選挙となったのが、翌二〇一四年二月九日執行の東京都知事選挙です。この二つの選挙戦において、どのようなネット選挙が展開され、選挙結果にどのような影響を与えたのでしょうか。

まず、参院選ではネット選挙が勝敗を左右した例も、また、事前に懸念された「なりすまし」や「誹謗中傷」などの例もほとんど見られず、正直なところ低調に終わりました。ネット選挙が解禁されたといっても、冷静に考えれば参院選も都知事選も選挙期間中の一七日間だけの話ですから、過剰な期待を持ち過ぎていたのかもしれません。参院選の比例区などで、街頭演説中の失言や暴言で炎上したり、熱心な支援者の個人メールによる選挙違反が続出するのでは、と思われたものの、これらについてもほとんど該当するものは見当たりませんでした。

ただ、東京選挙区は「反原発」を訴える無所属・新人の山本太郎候補のネット選挙が目を引きました。「反原発」の山本候補がねらったターゲットは、自民党公認の丸川珠代候補や武見敬三候補ではなく、野党候補である経済産業省出身で東日本大震災時に政権与党の文部科学副大臣だった現職の鈴木寛候補だったのです。山本候補にとって、このターゲットの絞り方は結果的に的確な選択だったといえるでしょう。参院選当時、安倍内閣の支持率も、自民党の支持率も高く、野党第一党である民主党の支持率は大幅に落ち込んでいる状況でした。その上、当初、鈴木候補と大河原雅子候補の二人を公認していた民主党が、公示直前になって候補者を鈴木候補に一本化すると発表したため、それに反発した大河原候補は、結果的に無所属で出馬、党の決定に背き大河原候補を応援した菅直人元首相と細野豪志幹事長が激しく攻撃し合うなど、民主党は事実上の分裂選挙となり、さらなる民主党離れが起こったのです。

その結果、選挙情勢は誰が見ても定数五のうち、自民党公認の丸川、武見両候補、公明党代表の山口那津男候補、そして、参院選の前月（六月）に行われた東京都議会議員選挙で議席を倍増させ、上昇気流に乗っていた共産党の吉良佳子候補の四人が当選圏内、残る一議席を、民主党の鈴木候補と無所属の山本候補の争いと見られていたのです。

勢いに乗っていた共産党は、候補者をはじめ、党員や支持者向けにSNSのコツを指南したガイドラインを作成・配布したり、党の公式サイトに〝ゆるキャラ〟「カクサン部」を登場させ、八人の「カクサン部員」が各々のアカウントで政策を訴え、SNSでの拡散を試みるなど、同党のネット戦略は、これまでの固過ぎる同党のイメージ刷新に貢献し、無党派層へも浸透していったのです。また、同党が得意としてきた街頭でのチラシ配りやポスティングも、近年支援者の高齢化によりそうした肉体労働は難しいと考え出した年配の人たちにとっても、ネットを使って家から支持を呼び掛けることぐらいはできると、おそらく当初、若い世代をねらったであろう戦術が、実は同党支援者の中核になりつつある高齢者の新しい運動形態を生み出したのかもしれません。

他の政党に目を転じると、大勝した自民党はスマートフォン用の独自アプリで党の公約や幹部・候補者の演説日程を掲載したり、安倍総裁のアプリの「あべぴょん」を無料で公開。同時にネット上のネガティブな情報に対する対策部門を党本部内に設置するなど、党を挙げたネット選挙への取り組み・姿勢がうかがえました。一方、民主党はネット選挙に向けたそれなりの工夫は見られたものの、選挙結果に比例して目立たず、特に有権者と議員とのネット上のシンポジウム「声！CAFÉ」も盛り上がりに欠け、空回りに終わった感がありました。

さて、話を元に戻します。原発事故をめぐる政府の対応の酷さを街頭の聴衆に訴えていた山本候補は、鈴木候補への攻撃に集中します。「文部科学省はSPEEDI（緊急時迅速放射能影響予測ネットワークシステム）のデータを福島の住民に見せず、その後も福島の子どもたちに二〇MSV／年までの被ばくを強いた。（当時）副大臣だった鈴木氏は重大な責任を負っている」として、鈴木候補を名指しで「この方を僕は引きずり下ろしたいんです」と熱弁を振るい、この演説がネット上で拡散したのです。

これに対し、鈴木陣営も即座に反応し、緊急メッセージとして「どうしても言いたいことがあります。放射能について、誤った理解に基づいて、過度に不安をあおる人がいます」と反論を試みたものの、インパクトに欠けたことは否めません。そして両陣営の支持者等による批判合戦が始まったのです。不幸は重なるもので、七月一四日には鈴木候補が街頭演説中に女性に殴られ、額打撲で全治一週間のけがを負うという事件が発生しました。通常なら同情票を集められそうなものですが、翌一五日の鈴木候補の声明の中で、名指しはしないものの山本候補を念頭に批判していると解釈される文言があったため、今度は「暴力事件を利用して他陣営を批判した」と、鈴木批判の火に油を注ぐ結果となったのです。こうなると収拾がつかなくなります。

結果は山本太郎候補が六六万六六八四票を獲得し四位当選、次いで自民党の武見敬三候補が六一万二三八八票で五位、鈴木寛候補が五五万二七一四票で次点（落選）という結果になったのです。首都東京決戦は、当初ネット選挙に一番強い候補と目されていた鈴木候補が、皮肉にも自らが力を注いだ「ネット選挙解禁」に足下をすくわれ、無所属の山本候補に敗れるという大波乱があったのです。一方、支持者の高齢化が進む共産党は、ネット戦術が功を奏したこともあり、吉良佳子候補は三位当選を果たしたのです。

二つ目の事例は、二議席を五人の候補者で争う展開となった宮城選挙区で、自民党現職の愛知治郎候補は知名度に加え、支持基盤も強くトップ当選は確実視されていました。民主党現職で党副代表の岡崎トミ子候補も、これまで、定数二議席を自民と民主で分けあってきたこともあり、二位当選を疑う人はいなかったのです。この二候補に、みんなの党から出馬した元ＮＨＫアナウンサーで新人の和田政宗候補が挑む構図となったわけです。

その和田候補がターゲットにしたのが、〝二位当選確実〟と見られていた民主党の岡崎候補です。和田候補は選挙期間中、毎晩ネットで生放送を行ったり、ブログやツイッターを駆使していました。和田陣営のネット戦術は実に巧みで、岡崎候補の過去の言動に対するネガティブ・キャンペーンを動画で配信するなど、まさにネットの特性をフルに生かしたものだったのです。

その代表例が、岡崎候補が二〇〇三年の訪韓時に、ソウルの日本大使館前で行われた元従軍慰安婦支持団体主催の反日デモに参加したときの画像を動画に組み込み訴えたものです。「あなたは知っていますか?」「反日デモに参加した宮城の政治家がいることを」「参院選　宮城選挙区　民主党　岡崎トミ子氏」「あなたの一票を託せますか?」といった内容です。

ネット選挙では「落選運動」を行うことは自由です。この動画の効果は絶大で、これを見たネットユーザーは激しく反応し、〝保守系ユーザーの支援〟も相まって岡崎批判が大きく広がっていったのです。そして、この攻撃に対する岡崎陣営サイドの反論らしい反論はほとんど見られませんでした。

結果は和田正宗候補が二二万〇二〇七票を獲得し、二位当選を果たし、ターゲットにされた岡崎候補は二一万五一〇五票と、わずか五一〇二票差で落選したのです。ここで各市町村別の開票結果を見ると面白いことがわかります。得票数で和田候補が岡崎候補を上回った地区は仙台市とその周辺部のみで、他はすべて岡崎候補の方が上回っていたのです。後に和田陣営も「ネット選挙がなければ逆転できなかった」と言っているように、和田陣営の都市部を重視したネット戦略・戦術による勝利といっても過言ではないでしょう。

この二つの事例でいえることは、東京選挙区の山本太郎候補も、宮城選挙区の和田政宗候補も、ネット上での「ネガティブ・キャンペーン」が功を奏したということです。特に宮城のケースにおいては、和田陣営は事実に基づいた岡崎批判を行ったもので、ここが従前のわが国定番の「ネガティブ・キャンペーン」である「怪文書」とは大きく異なるところです。「怪文書」の多くは差出人不詳で、記載されている内容もその大半が事実無根のものです。和田陣営が行った「ネガティブ・キャンペーン」は、もちろんねつ造した画像ではなく、事実の画像を貼りつけただけのものでした。それだけに、反岡崎の書き込みが瞬く間に拡散しやすかったのです。まさに動画の威力を見せつけた選挙でした。少し古い話ですが、今でも大いに参考になるエピソードです。

二〇二一年衆院選、二〇二二年参院選でのネット選挙

二〇二一の衆院選はネット選挙で特筆すべき点はほとんど見られませんでしたが、期日前投票に行く際、スマートフォンで事前に候補者の情報（ホームページやSNS、サジェスト、現職の場合はウィキペディアも）をチェックしていく人が多く、期待外れの場合は棄権や白票を投じたり、中にはその対抗馬に投票する人もいたようです。また、動画配信（一本あたり九〇秒程度がベスト）の効果は増しているとともに（パソコンよりスマートフォンで見るケースが圧倒的に多く、音量を下げて見ることが多いため、テロップを入れた方が効果的）、フェイスブック広告（主に公示前）等のネット広告も増えてきました。

二〇二二年の参院選では、何といっても参政党が議席を獲得したことです。既成政党とは異なり、たとえばTikTokを駆使し、一〇代・二〇代の若者を中心にファンを増やし、投票行動に結びつけたこともあり、結成間もない小政党が一議席を獲得しました。ただし、これらの手法は既成政党がまねしたとしても票に結びつくとは限りません。前回参院選では山田太郎候補（自民党）、今回は赤松健候補（自民党）が、個人票で五〇万票を超える票を獲得しましたが、他の候補者がこの二人のまねをしても、それなりの結果を出すことは難しいでしょう。なぜなら、この二人には「表現の自由を守る！」という共通のイシューがあり、特に山田候補はその世界でのカリスマ的存在だからです。

上記のような事例はありますが、誰にでも、何の選挙でも通用するものではありません。しかし、少なくとも

ネット選挙を展開することで、新たな支持層の掘り起こしにつながる可能性があることも間違いないでしょう。

以上、ネット選挙解禁後に行われた様々な選挙戦からネット選挙の影響力という視点で検証してみましたが、本来、ネットの特性から、都市部での選挙や参議院比例区のような大きな選挙区の方が、より大きな効果が得られる、影響を及ぼすと考えられがちですが、これまで当落に影響を与えるようなケースはほとんどなかったのが実情です。

地方選でネット選挙はどこまで有効か

地方選挙の場合、選挙区の規模も限定され、国政選挙や都道府県知事選挙のようにマスコミ報道による「風」の影響も、特定の都市部を除いては勝敗を左右するほどのものはないのです。しかし「ネガティブ・キャンペーン」や「落選運動」に限っていえば、事実に基づいた画像や動画等があれば、狭い選挙区ゆえにその情報がネットから瞬時に口コミで拡散する可能性が高いともいえます。「あの動画（画像）見た？」といったうわさはあっという間に選挙区内に拡がる可能性があります。特に悪いうわさほど伝達力は速いものです。この点はくれぐれも用心しなければなりません。

では、地方選で「ネット選挙」はどこまで有効なのでしょうか？

この問いは私が講演やコンサルティングで行った先々で必ず尋ねられることです。答えは「正直申し上げて、一概には言えません」です。なぜなら村長選挙か市長選挙か、または選挙区が都市部か郡部かといった、様々な要素や地域による温度差により大きく異なるためです。しかし、今や地方議員（候補者も含む）の大半がオフィシャルサイトを開設しているように、これからオフィシャルサイトは最低限の必須アイテムと捉えた方がいいでしょう。なぜなら有権者の中には直接候補者の話を聞けない人も多く、そうした人の中には、ウェブサイトを見て比べようとする人がある程度出てくることが予想されるからです。

今後の選挙は「サイトの有無」は最低限の必須条件となり、「質・内容」以上に、いかにして見てもらうか、いかにして有権者と双方向コミュニケーションを図っていくかが重要となるでしょう。特に普段からネットを使い慣れている二〇代から四〇代の有権者の目は厳しく、ご年配者層も普段からネットに親しむ人が増えているため、手を抜くことは許されません。少しでも手を抜いたり、ネット選挙に乗り遅れた候補者は〝有権者の選択肢から外されてしまう〟可能性もあるのです。政治・選挙広報物に「ＱＲコード」が記載されているかどうかもひとつの判断材料になりうるのです。

地方選におけるネット戦略については、ケースバイケースといえますが、あくまでも選挙の種別や地域性などの〝温度差〟を敏感に感じ取って活動に反映させていくことが重要です。ただし、「ネット選挙」で票を増やすつもりが、「ネット選挙」によって票を失うことのないよう、十分に注意してください。

ところで、明るい選挙推進協会がまとめている「第四九回（二〇二一年）総選挙全国意識調査」で、有権者は日頃、政治や選挙に関する情報をどこから得ているのかに関する調査結果がありますが、それによると、主な情報源は「テレビ」（全体：六〇・四％）で、各年代とも過半数を占めていますが、「一八歳から二九歳」では「テレビ」が五〇・〇％で、「インターネット」が四一・九％と、「三〇歳から四九歳」を含め、若い世代での「インターネット」の比率がかなり高いことがうかがえます。

また、同調査の「選挙運動への接触度と有用度（複数回答）」によると、「役に立った」というものは「テレビの政見放送が二一・三％でトップ。次いで「選挙公報（一九・四％）」、「党首討論会（一九・三％）」「候補者の新聞広告（一二・四％）」「候補者の掲示板ポスター（九・八％）」「インターネット（八・〇％）」となっています。因みに「電話による勧誘」は〇・六％とかなり低く、有権者宅への勧誘電話が急減していることもよくわかります。

●これからのネット選挙に求められること

有権者の政治不信等から「無党派層」「浮動票層」は増加傾向にあります。これは地方選挙においても同様で、今後も増えることはあっても減ることはないと思われます。特定の支持政党も、支持候補者もない人たちにとっては、テレビや新聞はもちろんのこと、ネットから情報を得る比率がますます増えていくことでしょう。

「私の選挙区は田舎だから」とか、「選挙に関心があるのはお年寄りばかりだから」という理由で、「ネット選挙」は役に立たない、票にならないと決めつけることは非常に危険です。

私は地方選挙の場合、やはり基本である「ドブ板選挙」が最も大切であり、常に〝一票で泣かないために〟どうすべきかを日頃から考えています。「ネット選挙」だけで当選できるほど選挙は簡単なものではありません。しかし、「ネット選挙」を無視したり、軽視することによって落選の憂き目にあう人はたくさん出てくるでしょう。

ですから、候補者自身がネットに不得手であれば、得意な人を陣営に入れたり、日頃から様々な政治家のサイトを見て、自分の選挙に取り入れられそうなものをカスタマイズして取り入れるなどの努力は怠ってはなりません。ブログやツイッターを見て一票を入れたということがある反面、そうした一票を獲得できずに落選することだってあるのです。

選挙における武器を知っておいて損はありません。知った上で「使わない」という選択肢はあってもいいのです。「知らなかった」と後悔しても〝後の祭り〟ですから。

特に最近急増している「期日前投票」でも、有権者が投票所へ向かう際に、当該候補者のサイトを確認する人が年々増えています。その時「サイトがない」「情報がない」「更新していない」候補者は貴重な一票をつかみ損ね、落選の憂き目にあうかもしれません。繰り返しになりますが、最低限のネット対策は講じておくべきでしょう。

【ネット選挙チェックポイント】

- □ 公式ホームページはありますか？
- □ 印刷物等にQRコードや「（名前）検索」等の記載はありますか？
- □ 更新作業は相応の頻度で行っていますか？
- □ ホームページに（告示期間中の）街頭演説や個人演説会等の予定は掲載していますか？
- □ 期日前投票を促すようなコンテンツは掲載していますか？
- □ SNS等（インフォグラフィック等）で政策やスケジュールの告知等をしていますか？
- □ フェイスブック広告は取り入れていますか？
- □ 写真や動画を適度に掲載していますか？
- □ 掲載する動画にテロップは入れていますか？
- □ プロフィールや政策等、固過ぎる表現になっていませんか？
- □ フェイスブックは活用（写真付き）していますか？

□ フェイスブック等、SNSとの連携は図っていますか？

□ マルチデバイス対応（パソコン、タブレット、スマートフォン）への最適化を図っていますか？

□ 支援者等へのメールアドレスは整備していますか？（選挙期間中も発信可）

□ （投票日前日深夜：二四時前）最後のお願いの掲載準備をしていますか？

□ 選挙の結果に対する挨拶（御礼）は掲載していますが？

第14章

選挙事務所開設について

本章のポイント

地方議員の方々の多くは「後援会事務所」や「選挙事務所」を自宅や関係している会社等に置くケースが多いようです。また、地域により温度差はありますが、特に都道府県知事選や都道府県議選、市長選等の場合、「選挙事務所」はこれまで、人通りが多く、人目につく場所に構えるケースが多かったのですが、最近では電話作戦スペースも減り、駐車場も特に設けず、近隣の民間駐車場を利用する等、これまでの「選挙事務所」の設置条件が変わってきました。場所についても、そもそも一般有権者はなかなか「選挙事務所」には入ってこないのが実情のため、いわゆる駅前等の一等地に設置する必然性は薄れてきました。

そこで、本章ではとかく“時代遅れ”ともいえる選挙事務所事情について述べてみます。ベテランの方も新人の方も、ご自分の選挙スタイル、土地柄に適った事務所づくりをめざしてください。

選挙事務所の目的と役割

通常の「後援会事務所」と「選挙事務所」との目的の違いを明確にする必要があります。まず、通常の「後援会事務所」とは、後援会活動・政治活動の拠点、並びに陳情客の対応等がその主な目的といえます。参集する人たちは〝特定多数〟であり、限られた人々です。したがって特別に派手で目立つ必要はなく、気楽に出入りできる敷居のなさと雰囲気が大切です。

これに対し、「選挙事務所」が違うのは、〝不特定多数〟を対象としているということです。したがって、できる限り多くの人の目につくことも大切です。

一般有権者は、候補者の選挙運動、すなわち、連日連夜の訪問や数々の集会等における活動にほとんど触れることがなく、いわゆる法定ビラや街宣車、街頭演説を除き、候補者の活動している動きが全く見られないのが実情です。ですから「選挙事務所」は多くの有権者の方々に、候補者が、ここを拠点に選挙活動しているというメッセージを伝えるという重要な役割を持っているのです。

選挙事務所設営場所五箇条

地方議員選挙の場合、「後援会事務所」と「選挙事務所」の双方を候補者の自宅に設置したり、候補者の関係する会社等の一部を使用している例が多いようですが、ここでは新たに選挙事務所を開設する場合について「選挙事務所設営場所五箇条」を述べてみます。

① 戦略的に考え、拠点となりうる地域を選定すること

選挙区内での自身の地盤、交通や通信の便、人口分布等を考慮する。

② （可能であれば）駐車場スペースを確保すること

ただし、最近は駐車場がないケースも増えている。

③ 支持者の多い場所に選挙事務所を置くこと

支持者が頻繁に出入りできるような場所が望ましい。

④ 住宅密集地は避けること

非・反支持派の住民からの様々なクレームが予想される。

⑤ 候補者にとって便が良いこと

候補者や親族の出入りが頻繁な方が望ましい。

●選挙事務所の必須構造

選挙事務所の開設に当たっては、次の機能を踏まえた区割りが理想といえます。

① 受付

人が来ても誰もいない、相手にされない、忙しそうで手が離せない様子…。せっかく初めて事務所を訪れた人が、怒って帰ってしまうと票は逃げてしまいます。人は誰でも一〇人や二〇人は井戸端会議仲間がいるもので良いことはなかなか伝わりにくい反面、悪い噂は瞬時に駆け巡るものです。どんなに忙しくとも即座に丁寧に対応してください。また受付には必ず来訪者ノートと名刺受けを揃えておくことは必須です。

② 応接コーナー

「オープンスペース」とパーティション等で仕切られた「クローズドスペース」の二つは必要です。その理由は事務所には様々な人たちが訪れるからです。「オープンスペース」での対応は〝ガラス張り〟という利点もある反面、中にはそうしたオープン性にマッチしない人も多く訪れます。政治、特に選挙に慣れている人達にとっては、パーティションで仕切られた応接室に通されることが、ある種の自分を認めてくれたという認識にもなり、満足される場合もあるのです。

逆にいえば、「オープンスペース」で応対すると自分の話（情報）が軽んじられていると思い込む＝反発を持たれる場合もあるといえます。この場合、対応した事務所スタッフの悪口が吹聴される一因にもなります。

③　候補者ブース

選挙で大切なことのひとつに「電話」があります。事務所には見ず知らずの人も出入りできるわけですから、当然、他陣営のスパイも常時出入りしていると思うべきです。大切な話を来訪者の前でこそこそ話すことほど、来訪者を不愉快にさせるものはありません。「暫くお待ちください」と席を外し、別室または別の場所（なるべく外に電話の声が聞こえないような工夫が大切）に移動して話すようにしましょう。候補者が事務所にいる時は、ボランティアの方々とコミュニケーションを図るなど、候補者を一部の人たちが独占したり、部屋の中に閉じこもらないことが大切なのはいうまでもありません。

④　各後援団体・支援団体ブース

これは「平時」には必要ありません。いわゆる選挙間近になると、どうしても大物幹部が事務所内の上席を独占し新しい訪問客や若い人は立っていたり、隅に追いやられるのが当たり前となってくるケースが目立ちます。そうしたことが嫌で政治活動（選挙）から離れていく一般人も多く、またそうした壁がないことに共感・共鳴し、事務所に詰めているボランティアもいます。したがって、たとえば○○中学校同窓会、△△後援会、××会といった主だったグループごとに机一台、電話一台のブースをつくることにより、各グループのたまり場、すなわち選挙事務所に行けば必ず仲間の誰かがいるという安心感を与え、また、いなければ電話で呼び出すなどして自然と人を集めるなど、良い意味でのグループ間の競争も期待できます。

⑤ 電話がけブース

最近、規模の大きな選挙でも電話がけブースを置くケースは激減しています。その理由のひとつは固定電話への一般的な投票依頼の効果がなくなってきたからです。

⑥ セキュリティブース（重要書類の保管やコンピュータ管理）

事務所の中でひとつは鍵のかかる部屋が必要です。お金に替えられない物（各種名簿・リスト・その他）や、金庫等の保管スペースを確保しましょう。ただし「事務所で無くならない物はない」ということも併せて認識しておくべきです。また、パソコンのセキュリティ対策や、電話の盗聴には十分な注意が必要です。

⑦ スタッフブース・作業ブース

証紙貼りや発送・封詰め作業等の作業スペースを設けましょう。また、スタッフの事務スペースは、関係者以外から機密書類等が見られないよう、パーティション等で仕切りをつくりましょう。

⑧ その他

(1) 簡単な厨房設備等

(2) コピー機、プリンターの機能は十分な検討が必要　※有事の際に時間がかかり過ぎては最悪

(3) 選挙（後援会管理）ソフトは平時からの準備が大切。選挙直前に導入しても意味がないと思うべき。

(4) 監視カメラや電話の盗聴チェック、パソコンのセキュリティ等、一応の常識は知っておいた方が良い。特に名簿や遊説日程などが盗まれると厄介なことに。
(5) 選挙管理委員会、地元警察、弁護士等へのあいさつなど、準備は怠りなく。
(6) 陣中見舞、祈必勝、当選時の花等の礼状、電話等の準備はリスト化して万全に。
(7) プレスリリース（含：本日の遊説日程・演説日程）のヒナ型は作成しておくと便利。
(8) 後援会事務連絡はＦＡＸ、メール、電話等、最大限に活かそう。

スタッフの使命・役割・責任

次に、スタッフの心構え等、注意すべき点について述べてみます。

① スタッフの心構え

(1) 敷居をつくらない。
(2) 笑顔で、そして大きく明るい声で対応すること。
(3) 腹が立つことがあってもガマンすること。

また、よくある来訪者の事務所・スタッフに対する不満や批判の多くは次のようなものがありますので、注意してください。

(1) 雰囲気が暗い、覇気がない。
(2) 応対が悪い（すぐに応対に出てこない、お茶も出ない等）。
(3) 声が小さい、よく聞こえない。

(4) 「折り返します」と言ったのに連絡がない（本人に伝えてと言ったことが伝わっていない）。

② 電話応対での注意点

(1) 受け答えは元気よく、はっきりと

「はい、○○○○選挙事務所です」と候補者の名前をフルネームで、はっきりと言うこと。

(2) 相手の名前と所属等ははっきりと聞く

「農協の佐藤です」と言われても、どこの農協なのか？ また同じ農協であっても佐藤姓が複数いる場合などがあります。電話をかけてきた相手をよく覚えるまでは注意が必要です。

(3) クレームの電話には丁寧な対応を

腹が立っている相手は自分の苦情に事務所の人間が誠実に聞く耳を持っているか否かが鍵となります。大変ではありますが、（時間の許す限り）時間をかけてじっくり相手の言い分を聞くことがトラブル防止、事後処理の第一ステップです。ここでいい加減な応対、あるいは中途半端で電話を切ると、後で〝大事〟になるケースが多いものです。事務所内に一人、クレーム担当を決めておくぐらいの配慮が大切です。

(4) 応対時には必ずメモをとる

何日の何時何分に、誰から誰宛に何の用件で事務所へ連絡があったのか、そしてその電話を誰が受けたのかを記録しておくことです。トラブル防止や連絡管理の他、おおよその事務所、候補者の活動範囲が分析できます（電話が特定の人、地域に偏っていないかどうか等のチェックにもなります）。必ず伝言ノート（市販のもので可）を活用してください。

事務所を訪れるボランティアの活用法

ボランティアの語源は、「自らの喜び」ということです。「やってあげる」「お金をもらう」「仕事上の関わりがあるから」という姿勢・理由で選挙に参加する人は純粋な意味での「ボランティア」ではありません。

ここでは事務所を訪れる様々なボランティアの対応法をご紹介します。

① ご年配者（退職者）層

従来の選挙運動といえば、必ず青年・女性層が中心とされていました。また、ＪＣや自営業の人等が幹部に多い理由も同じです。その理由は、自分で日程（時間）がつくれる、時間的余裕がある、多少なりとも金銭的余裕があるからですが、一般論としてこの三つの条件すべてを満たしているのがご年配者です。

高齢化社会が進む中、健康で余裕のあるご年配者が増えていますが、この方々に選挙運動のボランティアをお願いしない手はありません（ただし、男性は比較的一匹狼的な人が多く、逆に女性はまとめ役的な役割をこなす人も少なくありません）。この方々が集まりだしたらサロンづくりのお手伝いをしてあげましょう。もちろん、各々自分達の手で運営してもらうのですが、たとえばその事務局、連絡先に事務所を使ってもらうわけです。

② 女性層

運動の一番の要です。ただし、いわゆる婦人部に〝ボス猿〟的存在がいると厄介なことになりかねません。常に集団指導体制で広く、等しく付き合っていくことが大切です。たとえば生保セールスのベテランＯＧの方々などを取り込んでいくのもいいでしょう。身近な文化教室や料理教室等の主催や、参加者向けの簡単なニュースレターなどを自分たちでつくってくれる人たちがいれば楽です。ビラづくりやホームページの女性コーナーの編集のために集まったり、そうした記事を新しい人に書いてもらいながら輪を拡げることが大切です。

③　自営業者層

彼らの一番の関心事は自分達の事業です。今、様々な異業種交流会が流行していますが、できればひとつの会にせず、ある程度大きな枠組みの中でグループをつくってみるのもいいでしょう。各々の情報交換や互助会的コミュニケーションはもとより、そこに何らかの付加価値（例：経営セミナー、文化交流会等）を加えます。これらもボランティア精神旺盛な人が二～三人いれば動き出します。

④　青年・学生層

最も純粋に政治を考えている層といってもいいでしょう。夢やロマンに対する反応にも敏感です。居酒屋談義や朝まで生討論的な会を告示前に数回実施してみる方法もあります。メンバーが固定化してきたら、今度は違う場所でスタートさせます。候補者本人は最初の三〇分程度顔を出せばいいようにしていけば、強力な青年部ができあがります。

⑤　各種支援団体

ベテランの人に任せましょう。またキーマンの人とは日頃から接触しておきましょう。

●選挙事務所に必要なもの

事務所	事務所 駐車場 簡易トイレ

掲示物等	選挙事務所に掲げる看板・立札・ポスター（ちょうちん） 必勝ビラ 推薦状 写真パネル 寄せ書きボード 神棚 必勝だるま
什器備品	事務机 事務用イス 応接セット キャビネット 書庫・書棚 金庫 会議用テーブル 作業用テーブル パイプイス パーティション ホワイトボード 行動予定表 掃除用具 時計 ゴミ箱 傘たて

	ハンガーラック
その他	傘（透明ビニール傘） ハンガー 急須 湯飲み茶碗 茶たく コーヒーメーカー カップ（紙コップ） スプーン 砂糖 ミルク 事務消耗品 自転車 地図帳
電気機器	携帯電話・スマートフォン 掃除機 冷蔵庫 電気ポット テレビ レコーダー ラジオ シュレッダー コピー機 電話機

	ファックス パソコン プリンター トランシーバー エアコン ストーブ（ファンヒーター）

※最近は、神棚を置かなかったり、だるまの目入れ等を行わなかったりする事務所も増えています。地域の事情等を考慮し、後援者の方々とよく相談して決めてください。

第15章
投票率向上のために

本章のポイント

今、国政選挙、地方選挙共に低投票率が続出しています。

国政選挙については、2021年10月の衆院選小選挙区での投票率は55.93％で、その前（2017年10月）の53.68％を2.25ポイント上回っているものの、2009年8月の69.28％に比べると実に13.35ポイントも低い投票率となっています。

地方選も同様で、2019年4月の第19回統一地方選挙では市議選が45.57％で、その前（2015年）の48.62％から3.05ポイントも下がっています。

因みに、衆院選で最も投票率が高かったのは、1958年5月の76.99％で、市議選では1951年の90.56％となっています。

また、別の視点から見てみると、第19回統一地方選挙での「無投票当選者」は、首長選挙で82件、議員選挙では実に1,816件と、人口減少と高齢化、そして何よりも“なり手不足”により、無投票当選の割合も年々上昇しています。

投票率の低下という課題に対し、一部では「センキョ割」等、様々な取り組みを行ってはいますが、その効果は限定的なようです。低投票率と“なり手不足”、こうした現状をどのように変えていくかも大きな課題のひとつです。

本章では、低投票率を少しでも打破し、投票率を向上させるためにどうすべきかについても考えてみたいと思います。

投票率向上のために

サービス業界の常識に「顧客満足度の向上」、いわゆるＣＳ（カスタマー・サティスファクション）があります。これは、売る側、サービスする側の視点以上に、買う側、サービスを受ける側の視点を大切にすることがその基本で、顧客が購入したり、利用した商品やサービスに対する満足の度合いを指数化したものです。企業側はこの顧客満足度を高めることが、継続的に顧客に支持され、長期的に利益をもたらすというもので、わが国の文化伝統の基礎ともいえる「おもてなし」＝礼儀作法の精神にも合致するものといえるでしょう。

今の選挙は、公職選挙法はもとより、選挙の種別や地域を問わず、とかく選挙をする側の視点（≒自己満足）で行われていると思われることがたくさん見受けられますが、時代の移り変わりに合わせ、もっと有権者の視点に立った選挙戦を展開することが、低投票率の打開につながると思われます。

投票日の曜日

選挙の投票日は、国から地方までなぜ必ずといっていいほど日曜日なのでしょうか？

いつの間にか、わが国では選挙の投票日は「日曜日」となっていますが、実は法律的には投票日は日曜日でなければならないという規定はなく、一九五二年の総選挙は水曜日に、一九五八年と一九六三年は木曜日に、一九六九年は土曜日に行われていたのです。しかし、一九七〇年以降の国政選挙では投票日を日曜日にすることが慣例となっています。

理由は、日曜日に休日の人が多いため投票に行きやすいということでしょうが、今や「期日前投票」が定着し、投票日前に投票を済ませる人が年々増えているのですから、理論的には期日前投票する人がどんどん増えれば、投票日は何曜日に設定されてもかまわないような気がします。

最新の公職選挙法の主な改正点

二〇一三年四月のインターネット選挙運動解禁に係る公職選挙法の一部を改正する法律（いわゆるネット選挙解禁：同年五月二六日施行）に引き続き、二〇一五年六月には、選挙権年齢を現在の二〇歳以上から一八歳以上に引き下げる「一八歳選挙権」が、二〇一六年四月には投票環境の向上と投票率の向上につなげるため、「共通投票所」の設置や「期日前投票の投票時間の前倒しや終了時刻の延長」等を含む「改正公職選挙法」（同年六月一九日施行）が、そして二〇一七年六月には、都道府県や市、特別区の議会議員選挙で選挙運動用のビラの頒布を解禁する「改正公職選挙法」（二〇一九年三月一日施行）が可決・成立し、このところ選挙制度の様々な改革が行われています。

【期日前投票所】

全国の各自治体で投票率の向上をめざし、様々な試みが実施されていますが、その代表的なものが、二〇一二年の衆院選から松江市選挙管理委員会が行っている大型ショッピングセンターでの期日前投票所の開設です。

島根県は、衆院選では一九六九年から、参院選では一九九五年を除いて一九六二年から全国一位という高い投票率を誇っていますが、こうした大型ショッピングセンターに設けた投票所こそ、まさに「CS」の視点による、有権者の利便性を第一に考えた事例といえるでしょう。

そうした動きは全国に拡がり、二〇一六年の参院選には、大型ショッピングセンターが一六二か所、駅構内が

一一か所と増えています。同時に、同じ島根県の浜田市選挙管理委員会では、人口減と高齢化による投票所統廃合に対応するために、一〇人乗りのワゴン車を利用した「移動期日前投票所」を導入するなど、知恵を絞った様々な取り組みを行っていました。

また、二〇一三年の参院選に、松山市選挙管理委員会が松山大学のキャンパスに初めて期日前投票所を設けましたが、二〇一六年の参院選では、大学等に期日前投票所を設けた数が全国で九八か所、二〇一七年の衆院選では「一八歳選挙権」が施行されたこともあり、全国で一三二か所（大学等：九一か所、高校：四一か所）設けられ、二〇二一年の衆院選では、イオングループが全国一三五か所に期日前投票所や当日投票所を設置するなど、有権者にとって利便性の高い試みが全国で行われています。

【共通投票所】

二〇一六年の公職選挙法改正により、駅やショッピングセンターなど、人の集まりやすい場所への「共通投票所」の設置が可能となりましたが、同参院選では、二重投票を防ぐシステム構築や新たな費用負担が必要となるため、普及にはつながらず、全国で四市町村（計七か所）、二〇一七年の衆院選でも参院選と同じ全国四市町村（計七か所）での採用に留まっています。

「マイナンバー制度」が普及すれば、一気に主要な駅構内等への設置も期待されます。

ネット上での比較サイト

テレビの政見放送を見て、「この人に投票しよう」と、投票する候補者を決める人は年々減少しているのではないでしょうか。

せっかく「ネット選挙」が解禁されたのですから、政見放送はもとより、候補者の政策や様々なイシューに対する考えなどが一目瞭然でわかるような公的機関やマスコミ等による「候補者比較サイト」があれば、そこで候補者のことが何でもわかり、なおかつ、他の候補者との比較もできるようになります。

選挙公報がネット上で見られるようになったわけですから、政見放送がネット上でオンデマンドで視られる日も、そう遠くないかもしれません。

「戸別訪問」の解禁

この「戸別訪問」を解禁するのは簡単なことではありませんが、「ネット選挙解禁」となった今日、選挙での〝日本の常識、世界の非常識〟といえる筆頭格がこの「戸別訪問の禁止」です。

この解禁により、政治家や候補者が自宅や職場を訪問することで、有権者は候補者の人柄や、意外な一面に触れることもでき、政治家・候補者は有権者の多種多様な声を聞くことで、政策に生かすことができるなど、有権者との距離を縮め、政治不信の払拭につながるかもしれません。

「投票認証ショット」で社会的サービス

今、投票率向上策の一環として、各地の商店街や飲食店で投票した人への割引制度（センキョ割）も一部で広がっています。

これは投票に行った際に投票所の看板前で写真を撮り、「センキョ割」のステッカーが貼ってあるお店に提示するだけで、割引サービスが受けられるという簡単なものです。居酒屋ではおすすめ料理一品が無料になったり、飲食代が一割引きになったり、ガソリンスタンドでは洗車代が半額になったりするものです。

そうした試みによって、二〇代や三〇代の若者の投票率向上に少しでもつながってほしいと思います。

このように、低迷する投票率を少しでも向上させるためのアイデアを挙げましたが、これまでの実施側の視点だけで物事を捉えるのではなく、有権者の視点、利便性で考えることこそが必要なのではないでしょうか。そうした施策が投票率向上につながるものと確信します。

ご自身の当選はもちろんですが、ぜひ、皆さんで知恵を出し合い、有権者の政治・選挙への関心を高め、選挙を盛り上げ、結果的にこの国が良い国になるよう期待しています。

◉投票日当日、夕刻の投票行動で結果が変わる

期日前投票が広く普及してきたとはいえ、投票者全体に占める期日前投票の割合（全国平均）は、二〇二一年衆院選で三四・九四％、二〇二二年参院選が三五・八八％。つまり、残りの六割強は投票日当日に投票に行くわけですが、ここに明るい選挙推進協会の面白いデータがあります。

前述のように、投票所が開いている時間（午前七時から午後八時まで）の「年代別投票時間」を見ると、「六〇から六九歳」で最も多いのは「午前中に投票に行く」の六一・八％、「七〇から七九歳」では七〇・九％となっているのに対し、「一八から二九歳」で最も多いのは「午後六時から午後八時の間」で四六・二％となっていることです。

投票日当日のマスコミの出口調査は、一般に午後三時頃までの調査結果が当落判定に反映されているため、若年層が大きく動くような選挙の場合、その後の投票率次第で結果が大きく変わりうるともいえるのです。

第16章 最後の四八時間に何をすべきか

本章のポイント

「地方選挙は告示日にはすでに選挙戦は終わっていて、選挙期間中の運動は単なる“儀式”みたいなもの。」一昔前まではこういわれていました。これは告示前の日常の活動（政治活動）こそが最も大切であり、"一夜漬け"で勝てるほど選挙は甘いものではないというひとつの例えです。しかし、最近の選挙事情を見ると、「無党派層」「浮動票層」の増加はもとより、投票する候補者を投票日当日の投票所近くの公営掲示板（ポスター掲示場）で、各々のポスターを見比べて決めたという人が少なからず増えているという変化も見逃せません。それだけ有権者の選挙（政治）に対する関心や、有権者と候補者の日常の結びつきが希薄になった証拠でもあります。だからこそ、最後の最後、それこそ投票所が閉まるまで、何が起こるかわからない時代になったともいえるわけです。

"投票日前、最後の48時間"が勝敗を分ける決め手ともいえます。

直前でもできることはたくさんあるのです。後で悔いることのない戦いをするためにも、本章で最後のチェックを行ってください。

◉最終盤戦の戦い方

ここでは選挙戦の終盤戦で、どのような選挙活動を行うのが効果的かについて述べたいと思います。地方選挙の場合、投票日までのおおよその戦略・戦術、タイムテーブルをスタート時に決め、できる限りそれに沿って活動していきます。その上で、反応がいい（悪い）というような、陣営各々の〝皮膚感覚〟の情勢分析により、各々の対応策をその後の選挙戦にフィードバックするのが普通です。

以下、自己診断で自らのポジションを①から③のいずれかに当てはめてみてください。

① 大幅にリードしている（十分当選圏内に入っている）と思われるケース

これまで行ってきた活動に間違いはなかったと思っていいでしょう。遊説日程や戦術の変更はせず、アクセルを踏み続けて、陣営一丸となって〝完勝〟をめざしてください。

② 当落線上にあると思われるケース

まさに一票に泣くか、笑うかといった状況下で、ここでつまずいて失速する人、最後のラストスパートが功奏して笑う人など、様々な人間模様が繰り広げられるところです。

基本的には、今できること、すべきことを陣営一丸となってアクセル全開で駆け抜けることです。残された時間はすべての候補者共通です。選挙運動は二四時間できる（投票日前日の二四時まで）わけですから、一分でも多く駅頭や飲食街で「個々面接」を行ったり、始発時や終電時に駅頭に立つなど、限られた時間を有効に使ってください。

③　厳しい（当落線上に届いていない）と思われるケース

このままでは負ける戦いです。しかし、文字通り最後まであきらめず、悔いを残さない戦いをすることで、最後の最後に勝利の女神が微笑むことだってあり得ます。選挙に絶対はないのです。ただし、こうしたケースで勝つためには何らかの〝サプライズ〟を仕掛ける必要があります。何もしなければ何も起こらないからです。選挙に〝奇跡〟はありません。

まだ間に合う！　最後の四八時間でできること

【電話がけ】

今や固定電話を日常使用している家庭は、都市部、郡部を問わず激減しています。また、固定電話にかかってくる電話は営業が多いため、候補者陣営からかかってくる投票依頼の電話も迷惑電話の範ちゅうと思われていると考えた方がいいでしょう。

したがって、従前よく見られた電話がけスクリプトやマニュアルはあまり役に立ちません。どんなに美声で心を込めて丁寧に電話しても、候補者本人やその配偶者、もしくは知人・友人からの電話以外、ほとんど効果はないか、むしろマイナス効果と思ってください。

そこで、これまでのような全く見ず知らずの有権者に電話するのではなく、候補者本人、もしくはその家族が知人・友人や、支援者、支援者から紹介された人へ、そして支援者は自らの知人・友人にお願いの電話（できれば携帯電話に）をすることが有効といえるのです。

【オートコールの活用】

これまでの何らかの名簿に基づく電話がけに変わり、最近は候補者本人の声（録音メッセージ）で有権者宅に発信する「オートコール」も活用されています（オートコールの料金は、選挙収支報告書に「通信費」として計上できます）。ただし、これは従前の「電話がけ」同様、有権者宅に発信するため、できる限りマイナス効果がないよう、メッセージの長さや内容等、必ず選挙に慣れた通信業者にお願いすることをお勧めします。一部で有権者の携帯電話に直接発信するケースもあるようですが、現時点では控えた方がいいでしょう。

【選挙運動は二四時間可能（選挙戦最終日は二四時まで可能）】

第3章にも述べましたが、選挙運動は、立候補の届出が受理されたときから投票日の前日まで二四時間できるのです。八時から二〇時までというのは、あくまでも選挙運動用自動車や街頭演説などでの連呼行為が許される時間です。

朝八時前の通勤時間帯に駅頭に立ったり、市場などに繰り出したりするようなことは多くの候補者が行っていることです。しかし、二〇時以降の時間を上手に使っている候補者は意外に少ないのです。「お疲れ様です。〇〇です」などと、肉声であいさつ（マイク等は使用できません）することで、有権者に「こんな時間まで頑張ってるんだ！」という熱意が伝わり、それが口コミで広がり、あと一票につながるのです。

特に、選挙戦最後の二日間は、期日前投票所の近くで街宣活動を行い、その足で投票所に行ってもらうよう誘導することも有効でしょう。

【期日前投票の周知徹底】

「不在者投票」と異なり、「期日前投票」は実に簡単に投票することができる制度です。これにより投票日は一日だけでなく、告示日以外、すべてが投票日となるわけです。

事務所に来た人、街頭演説を聞いてくれた人、知人・友人等に、投票日直前でも、徹底して「期日前投票」を呼び掛けましょう。

【ネットを思う存分に活用する】

ネット選挙の効果にはもちろん限界があります。特に地方選挙においてはその有効性に疑問を感じている方も少なくないでしょう。しかし、「あと一票で勝てる（負ける）」と考えれば、「ネット選挙」で一票を獲得する、失わないという考え方も大切です。

オフィシャルサイトやブログ、ツイッター、フェイスブック等、自分に適したツールを駆使してあと一票を稼いでください（投開票日当日は更新できませんので、ご注意ください）。

【候補者本人による直電話】

関係者による知人・友人等への電話がけや、前述の候補者本人のオートコール等ももちろん有効ですが、何よりも効果的なのは「候補者本人から（有権者へ）の直電話」です。

「○○さん、大変厳しい闘いです。○○さんを頼りにしています！　勝たせてください！」と気持ちのこもった一言により、もしかしたら一票、二票増えるかもしれません。

選挙期間中、少しでも時間があるときは、一人でも多くの有権者に候補者本人から直接電話するよう心掛けてください。

第17章

「一八歳選挙権」への対応

本章のポイント

2015年6月17日、選挙権年齢を現在の「20歳以上」から「18歳以上」に引き下げる「改正公職選挙法」（通称：「18歳選挙権」）が参議院本会議で可決、成立（2016年6月19日施行）し、約240万人（当時）の18歳、19歳の有権者が投票できることとなりました。選挙権年齢の変更は、「25歳以上」から「20歳以上」へと変更された1945年以来、70年ぶりのことです。

施行後初の国政選挙となった2016年の参院選では、各党、各候補者が手探り状態ながらも、マンガや独自キャラクターを使ったビラや冊子等を作成したり、SNSや動画を駆使し自らのPRに力を入れていましたが、本章では、18歳、19歳に限定せず、18歳から29歳までの若年層に、今後どのように対応していったらいいのかについて述べてみます。

◎「一八歳選挙権」に関する懸念事項

「一八歳選挙権」については、各所で様々な議論がなされました。世界ではおよそ九割の国々が一八歳から選挙権を認めており、しかも、先進国に限っていえば、選挙年齢が一八歳以上になっていないのは日本だけというデータがあるように、世界的に見てもわが国の選挙制度は少数派であったといえます。

また、「少子高齢化」が進展するわが国において、これからの社会を担う若い世代の意見は、減少するがゆえに、より重要となってきます。年代別の投票率では「二〇代」の投票率は非常に低いものの、法改正に際し、若者の選挙に対する意識の向上と投票率の向上、さらには若者の声を政治に反映させる効果が期待できるという声がありました。

しかし、一方で懸念する声も多々ありました。法改正により一八歳以上は選挙運動ができることになるわけですが、二〇歳未満でも買収などの連座制の対象となる重大な選挙犯罪を行った場合、原則として成人と同様に刑事訴追の対象となるため、選挙年齢を引き下げる以上、少年法における「少年」の定義も一八歳未満に引き下げるべきとの意見が出されたわけです。

そうした中、「一八歳選挙権」が適用された二〇一六年七月の参院選での一八歳・一九歳合わせた投票率は四六・七八％で、全体の投票率（五四・七〇％）を下回ったものの、二〇代、三〇代の投票率よりはかなり高く、主権者教育を含めた様々な取り組みの効果が出たといっていいでしょう。しかし、三年後の二〇一九年七月の参院選では、三二・二八％と、前回を大きく下回る結果となりました。

大学進学等で親元を離れて一人暮らしをしている人の多くが住民票を実家に残したままというケースもあるため、

こうしたことも低投票率の一因と思われますが、その改善策はかなり本腰を入れないと厳しい面もあります。

一八歳は高校等での主権者教育もあり、一定の効果をもたらしているとはいわれますが、今後どのように対処し、若年層の低投票率を食い止めていくかは大きな課題といえます。

「AKB48選抜総選挙」で投票総数が急増したワケ

やや古い話で恐縮ですが、参考になると思われるので「ＡＫＢ48選抜総選挙」について触れてみます。

「ＡＫＢ48選抜総選挙」も二〇一八年六月一六日に一〇回目を迎え、二〇〇九年の第一回目の約六万票（非公開）から、九年が経過した一〇回目は三八三万六六五二票と驚異的な伸びを見せています。

その原因は何だったのでしょうか？　それは第一回と第二回のコアとなった投票者層は、主に二〇代・三〇代の男性層でしたが、第三回目から、そのターゲットを中高生の男子に絞ったことが挙げられます。すなわち、一〇代後半の男性にターゲットを絞った結果、驚異的な伸びとなり、その後は性別にかかわらず、幼稚園や小学生、さらにはその親をも巻き込んだ大きなブームとなったのです。

「推しメン」や選挙の情勢などを学校で友人と語り合い、帰宅して夕食をとった後にパソコンや携帯電話から投票する。その構図はこれからの選挙制度（投票制度）を考えるひとつの参考にもなります（もっとも選挙について学校で話題になることが前提ですが）。

投票する側の利便性を考えたシステム、そしてわかりやすさがキーワードのひとつだと思われます。

注意すべき選挙違反

前述のように、権利は得たものの、一方では選挙違反行為をした場合、刑事訴追の対象となるわけです。政治や選挙に関心・興味を持ち、選挙運動に参加することは、人によっては初めての社会参加なのかもしれません。街頭演説や選挙カーの連呼する光景は見慣れていても、選挙事務所に行ったり、候補者や応援弁士と握手したり、ときには自ら応援する候補者のお手伝いをすることは相当の刺激になるかもしれません。

しかし、落とし穴もあるのです。ひとつは「情報操作」です。純粋な彼らが、劇場型の選挙キャンペーンによる「情報操作」に惑わされる可能性があること。もうひとつは「選挙違反」です。高校三年生でも一七歳と一八歳の生徒がいるわけですから、一七歳の友人に選挙運動の手伝いをお願いしたり、ましてや何かを奢ってしまったり、電子メールで友人に投票依頼したら大変なことになりかねません。

二〇一五年の法改正により、全国の高校で「主権者教育」が行われていますが、参加意識の高揚と同時に、こうした問題点も十分に教えていってほしいものです。

一八歳・一九歳有権者へのアプローチ

アメリカでは一八歳から二九歳までを「Y世代」と呼び、ひとつのセグメンテーションとしていますが、そもそも、他の離れた世代から見ると、一八歳も二〇歳、二五歳も、同じように見えてしまうものです。商業マーケティングなら、給与やお小遣いなどの収入、その他様々な項目により年齢別の選別も可能でしょうが、投票についてはなかなか当てはめることは難しいのです。

若年層の有権者を取り込むためには何が必要か？　候補者にとって一番大切なことは「嫌われないこと」です。一度嫌われてしまうとその回復はかなり難しいようです。そのためには前述の「外見・好感力」の向上も重要で、「あの人感じ悪い」とか「あの人偉そうにしている」と思われないような努力も必要です。また、演説やビラ等で使う言葉にも〝わかりやすさ〟、そして夢が持てるような話題や政策が求められます。

同時に、「SNSの活用」は必須です。第13章で述べたように、「空中戦」のひとつであるSNSは、必ずしも地方選ではあまり有効とはいえません。それは投票率の高い高齢者層のSNS利用率が低いことがその一因です。しかし、低投票率といえども若年層は、コミュニケーションツールとして日頃からSNSを使いこなしており、どんなに若者が少ない選挙区でも、常日頃からSNSを使った情報発信を行うことで、一票につながるものです。逆に、ここをおろそかにすれば、若者の票は期待できず、一票に泣くこともあるのです。こうした世代には TikTok なども有効と思われますが、普段使い慣れていないツールにまで手を拡げることはお勧めしません。「若者は投票率が低い」とか「（選挙区には）若者が少ない」などといわずに、SNSの活用も工夫してみてください。

●若者には「夢」と「希望」を

そして、一八歳・一九歳に限らず、若い層へのアプローチには「夢の持てる社会・政治」を語ることが大切です。相手候補や他政党の批判はもちろん、「安心・安全な社会」「防災」「待機児童ゼロ」「子育て支援」など、誰でもいっていることを並べて訴えても、若者の心には響きません。候補者の年齢に関係なく、自分の言葉で、その土地で暮らしている若者たちに「夢」と「希望」を〝与える〟メッセージこそが、その問題を解く最も有効なキーワードだと思います。

付録　【完全保存版】地方選挙に勝つためのチェックリスト

I　立候補の決断

□立候補の動機・理由は明確か⇓　まずは身内や周囲の人を納得させ、応援しようと思ってもらえるメッセージをしっかりつくる。

□資金計画はできているか⇓　投票日までの日常の生活費、政治活動費、選挙活動費の試算を行い、収支の資金計画を立てる。

（＊選挙の種別等により一部の選挙運動用ツール（選挙運動用ポスター等）には公費負担が適用されますので、事前に当該選挙管理委員会にお問い合わせください。）

□選挙情勢の分析はできているか⇓　過去の選挙結果や、予想される対抗馬等の動向、現在の選挙情勢等を勘案し、自身の当選の可能性や対抗馬の強弱を探る（必要に応じて選挙情勢調査を信頼できる業者に依頼）。

□家族（親族）・会社の説得・同意はとれたか⇓　身近な人の説得ができずに、他人を説得できるはずがない。

□後援会長・中枢メンバーの確保は済んだか⇓　最も信頼できる人から順番に相談（名目ではなく、積極的・実質的応援を得られる人に）。

□応援団の核づくりはできているか⇓　政治活動、選挙活動の運動の中核となってくれる人の確保。スタッフやボランティアの確保も必要。

□政党・会派の検討は万全か⇓　政党・会派に推薦依頼するのか、無所属でいくのか。

2　立候補の準備

□政治団体（後援会）設立準備はできているか⇓　名称、事務所、規約、代表者、会計責任者、会計責任者の職務代行者等の確定（首長選挙の場合は後援会の他に、確認団体を前提とした政治団体の設立）。

□事務所体制の構築はできているか⇓　事務所の確保・開設や人員の確保。

□政治団体（後援会）届出は済んだか⇓　活動をスタートする前に行うこと。

3　各種制作物の作成

□写真撮影は済んだか⇓　写真撮影では特に目線に注意（レンズを見下ろす目線はダメ）。写真選定のコツは「情のあふれた顔」を選ぶこと。

□キャッチコピーは決定したか⇓　自己満足のコピーではなく、好感度の高いものに。

□カラーリングは決定したか⇓　候補者の好きなカラーで構わないが、一度決めたカラーは変更しない（制作物のカラー統一）。

□ビラ、チラシ、パンフレットは作成したか⇓　常に有権者が受け取りやすいサイズ・形式等を考える。デザイン以上に、字の大きさ（読みやすさ）にも注意。

□ポスターは作成したか⇓　デザイン以上に、ひと目見ただけで名前と顔が認識できるもの。

□ネット関連（オフィシャルサイト／ブログ／ツイッター／フェイスブック／インスタグラム／メールマガジン／動画／ＳＥＯ対策他）の開設は済んだか⇓　効果の有無を議論するより、ネットを無視することによるマイナス効果を考える。

4　政治活動の開始

□コンプライアンスを徹底しているか⇓　選挙違反には十分注意。公職選挙法の解釈は各々の選挙管理委員会、警察によって微妙に異なるケースもある。少しでも疑問に思った場合は所属政党のコンプライアンス室または当該選挙区の選挙管理委員会に問い合わせを。

□街頭活動のために、事前に人の集まる場所、時間帯等を調べたか⇓　基本は動員ではなく、人の集まっている場所に出向くこと。

□街宣活動のために、自動車を確保したか⇓　政治活動用自動車を使う場合は自動車、音響設備、看板等を新品で用意すると、かなりのコストとなるため、中古等、工夫が必要。

□ポスティングの方針を決定したか⇓　新聞折込や郵送は関係者以外立ち入りを禁ずるマンション等でも配布できるというメリットがあるが、ポスティングがベストな頒布方法であることは念頭に。有料のポスティング業者を使う場合は業者の選定を厳格に。

告示直前・期間中

1　選挙運動の準備

□選挙運動員等の確保はできたか⇓　選挙運動員、ウグイス嬢（カラスボーイ）、運転手、選挙事務員等の確保。

証紙貼り、選挙運動用ポスター掲示等の要員確保。

□ 選挙運動用グッズの作成は済んだか⇓　選挙運動用ポスター、選挙運動用ハガキ、法定ビラ、選挙公報、新聞広告、選挙事務所看板、選挙運動用自動車看板等の作成・チェック。当該選挙管理委員会による事前審査、届出が必要。

□ 立候補届出書類等の作成は済んだかチェック⇓　当該選挙管理委員会による事前審査、届出が必要。

□ 出陣式・第一声の準備はできているか⇓　事務所前や近くの主要駅頭で行うケースが多いが、その地域で一番有権者の関心事となっている場所を選ぶことも選択肢のひとつに。応援弁士の人選、手配は早めに。

□ 遊説日程の作成はできているか⇓　およそ計画通りには進まないもの。常に対応策や連絡体制を構築しておくこと。

2　選挙期間中の活動

□ 個人演説会は計画しているか⇓　最近では個人演説会を行わない陣営も多い。人を集めるより、人の集まっているところへ出向くこと。

□ 選挙事務所全体で来所者満足度の向上を徹底しているか⇓　選挙期間中、選挙事務所は猫の手も借りたいほどの忙しさとなり、殺伐とした雰囲気になりがち。そうしたときだからこそ、事務所を訪れてくれた人々に、候補者をさらに好きになってもらい、さらに票を稼いでもらえるように事務所全体としておもてなしの心で臨むこと。

□ 期日前投票の推進を行っているか⇓　告示日の翌日から投票日前日まで、事務所全体でＰＲ。

□ 電話がけの体制、準備は整っているか⇓　何らかの名簿ではなく、友人・知人等、一人でも多くの知り合いに電話がけを行う。また候補者本人が電話をかけるリストの準備を。

□ ネット選挙の体制、準備は整っているか⇓　体力に応じた、できる限りの対応を。いつまでも古い情報のままにせず、適度な頻度で更新を行う。

選挙終了後

□ ウェブサイト等で選挙結果の報告を⇓　当落判明後には選挙結果の報告や御礼のメッセージ等を写真付きで掲載（選挙後のあいさつ行為は制限されていますが、ネット等を利用する方法によるあいさつ行為は問題ありません）。

□ 御礼の電話は早めに⇓　選挙でお世話になった方々のリストを事前に作成しておき、優先順位をつけて選挙結果判明後からできるだけ早めに御礼の電話がけを行うこと。訪問が必要な大切な方へのフォローも迅速に。

□ 選挙収支報告書の作成⇓　選挙終了後一五日以内に当該選挙管理委員会へ提出。領収書の管理等についてはあらかじめ徹底を図っておくこと。

あとがき

本書は、二〇一五年に私が初めて地方選挙向けに書き下ろし、公職選挙法の改正などに伴い、選挙を取り巻く環境の変化に対応するため最新の選挙事情を加味しながら二〇一八年に第二次改訂を行ないましたが、今回のコロナ禍で政治・選挙活動も大きな制約を受けたこともあり、コロナ禍という試練を経た選挙戦術等に対応すべく、三度目の全面改訂を行ったものです。

一時期とはいえ、候補者と有権者とのコミュニケーションを図るための「握手」は「グータッチ」に、三密（密集、密接、密閉）を避けるために、総決起大会や集会、出陣式等も、動員はできる限りせず、観衆も手の消毒、ソーシャルディスタンスを保ちマスクをした上で、一切声を出さず、また、選対会議も幹部が一堂に会して行うのではなく、オンラインミーティングツールを使って行うなど、これまでの選挙風景も大きく様変わりした面も見られました。

今もなおコロナは収束せず、感染拡大と減少を繰り返していますが、すでに欧米では規制を大幅に緩和し、マスクもせずにくらす、コロナ前のくらしに戻りつつあります。選挙戦の状況も、今では一部を除き、かなり以前の選挙風景が戻ってきました。しかし、おそらくコロナが完全に終息した後も、すべてが元に戻ることはなく、特にネット選挙の重要度はますます増していくものと思われます。

当初のホームページによる情報発信といった状況からＳＮＳを駆使する選挙戦へと、ネット選挙は驚くほどのスピードで常に変化しています。今回の改訂はそうしたことをすべて網羅し、これからの選挙戦に生かせる選挙戦術も含め改訂したものです。

来るべき選挙での圧勝のために、必ずお役に立つものと確信します。

二〇二二年　一〇月

三浦博史

※文中のカラーリング、オートコール、選挙情勢調査、並びに各種政治・選挙キャンペーングッズ等については、アスク株式会社のホームページ（https://e-ask.ne.jp）をご参照ください。

【著者紹介】

三浦　博史（みうら　ひろし）

選挙プランナー

アスク株式会社代表取締役社長

慶應義塾大学法学部卒。銀行勤務、代議士公設秘書等を経て、米国国務省の招聘で米国政治・選挙事情視察後、選挙プランニング会社アスク株式会社を設立。わが国初の選挙プランナーとして全国の知事、市長、国会、地方議員等、数多くの選挙戦を手掛ける。2013年4月には公職選挙法改正（ネット選挙解禁）に伴う参考人として国会で答弁、ネット選挙に関する第一人者でもある。

週刊誌等での選挙予測をはじめ、『完全解説 インターネット選挙』（国政情報センター）、『あなたも今日から選挙の達人』（ビジネス社）、『ネット選挙革命』（ＰＨＰ研究所）等、著書多数。

サービス・インフォメーション

通話無料

①商品に関するご照会・お申込みのご依頼
TEL 0120（203）694／FAX 0120（302）640
②ご住所・ご名義等各種変更のご連絡
TEL 0120（203）696／FAX 0120（202）974
③請求・お支払いに関するご照会・ご要望
TEL 0120（203）695／FAX 0120（202）973

●フリーダイヤル（TEL）の受付時間は、土・日・祝日を除く
9:00〜17:30です。
●FAXは24時間受け付けておりますので、あわせてご利用ください。

地方選挙実践マニュアル －第３次改訂版－

2015年４月１日　初版第１刷発行
2017年２月10日　改訂版第１刷発行
2018年11月10日　第２次改訂版第１刷発行
2022年12月25日　第３次改訂版第１刷発行

著　者　三　浦　博　史

発行者　田　中　英　弥

発行所　第一法規株式会社
〒107-8560　東京都港区南青山2-11-17
ホームページ　https://www.daiichihoki.co.jp/

選挙マニュ３改　ISBN 978-4-474-07977-9　C2031（2）